꽃보다
붉은
울음

꽃보다
붉은
울음

한센인 할머니의 詩, 삶을 치유하다

김성리 지음

알렙

시(詩), 삶을 치유하다

＿시를 만나다

봄바람이라고 하지만 올봄은 유난히 바람이 많다. 봄바람 속
에서 나는 연일 기침을 하고 있다. 쉰 살, 천명을 아는 나이다. 윤
동주는 "시를 쓰는 것은 슬픈 천명"이라고 노래했다. 나의 천명
은 무엇인가? 천명을 알지 못하기에 나는 언제나 희망한다. 지금
내가 희망을 가지고 몰입하고 있는 분야는 시 치유이다.

문학 치유에 관심을 가진 것은 오래전이다. 간호대학을 졸업
하고 종합병원에서 간호사로 일할 때 의술로는 해결할 수 없는
마음의 상처를 지니게 되는 사람들을 보면서 어린 시절의 기억이

떠올랐다. 가족과 떨어져 병원에서 매일 울고만 있을 때 외국인 간호사가 가져다 준 책이 『백설공주』였다. 글을 읽을 줄 몰라 내용은 알 수 없었으나 그림만으로도 위안이 되었다.

지속되는 입원 생활에 지쳐 생기를 잃고 무료하게 시간을 보내는 아픈 아이들과, 갑자기 닥친 몸의 변화에 적응하지 못하는 환자들을 보면서 기술적인 치료 외의 다른 무언가가 필요하다는 것을 느꼈다. 그러나 실제로 그들을 위해 아무것도 하지 못했다. 그때는 무엇을 어떻게 해야 할지 막막하기만 했다.

시 치유를 하나의 학문으로 받아들이고 관심을 가지게 된 것은 8년 전부터이다. 석사 과정에서 비평을 공부하고 박사 과정에서 시를 전공하게 되면서 시에는 마음 치유의 힘이 있음을 알게 되었다. 시를 읽으면 마음이 고요해지고, 고요함 속에서 나를 마주 보면 나 자신이 가여워져서 스스로를 어루만지는 체험을 통해 마음속의 슬픔들이 하나씩 보이기 시작했다.

그러면서 잊고 있었던 기억들이 되살아나 마음 한쪽이 따뜻해지는 것을 느끼며 시를 통해 누군가와 고통의 경험들을 나눌 수 있으리라고 생각했다. 내가 그러한 것처럼 그 누군가도 시를 읽거나 쓰면서 고통의 기억들을 마주 대할 수 있는 용기를 가질 수 있다면, 고통을 나누는 그 길에 내가 동행할 수 있다면 참 좋겠다고 생각했다.

시 공부는 험난했다. 시 치유의 뜻을 밝혔을 때, 나의 지도교수는 시는커녕 문학에 대해 아는 게 없는 사람이 무슨 시 치유냐하며 시를 먼저 공부하든지 정녕 시 치유를 공부하고 싶으면 다른 선생을 찾아가라고 했다. 그날 이후 8년 동안 거의 매일 아침에 출근해서 저녁에 아무도 없는 어두운 교정을 걸어 내려오는 일상이 이어지고 있다.

어두운 교정에서 나무를 보며 묻는다. '너는 아니? 내가 가고 있는 이 길이 맞는 걸까?' 아직까지 나무의 대답을 듣지 못했다. 밤보다 더 어두운 불확실성만 나를 속박해 오지만, 그래도 희망을 버리지 않는다. 시를 공부한 지 이제 겨우 8년째다. 시가 무엇인지 아직 알 수 없지만, 공부를 하며 확실하게 느낀 것은 인문학은 삶과 관련된 학문이라는 것이다. 인문학은 사람의 삶 속으로 들어와 녹아들 때 생명력을 지닌다. 시가 마음을 치유할 수 있다는 확신은 여기서 나왔다.

──몸은 마음이다

우리의 삶은 필연적으로 고통을 동반한다. 삶 속에서 욕망은 서로 충돌하며 갈등하는데, 여기에는 고통이 뒤따른다. 우리는 영원히 살고 싶어 하지만 태어나는 순간 죽음이 예정되어 있으며, 건강하게 살고 싶어 하지만 병듦을 피할 수 없고, 영원토록 젊고 아름다움을 유지하고 싶지만 늙어가는 것은 자연의 순리이다. 아도르노는 이러한 인간의 고통을 보편사적인 관점에서 보고 인간의 의식과 심리가 훼손되었을 때, 즉 살아 있는 경험이 상실되었을 때 고통이 인간을 지배한다고 보았다. 몸은 곧 마음이며 신체의 건강이 마음의 건강인 것이다.

몸에도 감정이 있다는 것은 스트레스로 인해 생기는 신체적인 이상 증상을 보면 알 수 있다. 또 의료사의 관점에서 보면, 16~17세기의 서구에서는 정신 질환의 원인을 신체나 외부의 어떤 힘에 의한 독소에서 찾았다. 중국에서는 심리적인 기능과 생리적인 기능을 구별하지 않고 과도한 감정이 질병을 유발한다고 보았다. 붓다는 집착과 욕망을 버릴 때 몸과 마음이 조화를 이룬다고 설파했다. 붓다는 마음이 지닌 치유의 힘을 잘 알고 있었던 것이다.

아프리카 원주민들은 몸의 질병을 주술사의 주문에 의지해 극복하고자 했다. 한국 고대 사회의 제의를 살펴보면, 시와 노래를 통하여 삶의 고통을 치유하고자 했다. 「제주도 영감놀이」나 「처용가」에서 놀이를 통하여 희극적으로 병을 치유하고자 한 고대인들의 마음을 읽을 수 있다.

이러한 사실들은 시가 마음과 몸의 고통을 치유할 수 있다는 것을 말해 준다. 문학과 달리, 몸의 병을 치료하는 의학에서 고통은 하나의 증상으로 인식된다. 그러나 치료가 끝났다고 고통이 끝나는 것은 아니며, 의학이 모든 고통을 치료하지도 못한다. 치료 과정에서 불가항력적으로 발생하는 몸의 변형이나 치료의 흔적은 한 사람의 삶을 고통 속으로 끌고 가기도 한다.

따라서 이때의 고통은 치료보다 치유적인 관점에서 보아야 한다. 치료는 진단을 통해 의학의 기술로 병을 낫게 하는 것이지만, 치유는 돌보는 것, 안아주는 것에 가까운 개념이다. 즉 의학은 과학적인 기술로 병을 낫게 하지만 문학은 상처받은 내면을 돌보고 안아줌으로써 상실감과 절망감에서 벗어나게 한다.

고통의 경험은 분명히 개인적이며 다른 어떤 경험으로 대체하여 설명할 수 없으며 타자와 공유할 수 없다. 그래서 같은 고통의 경험일지라도 개인에 따라 느끼는 정도가 다르다. 고통은 스스로 해결할 수 없으므로 즐거움과 달리 사람을 수동적으로 만들며 세계에 대하여 부정적인 인식을 심어준다.

고통도 느끼고 아는 것이므로 의식에 주어진 것이지만 고통 그 자체가 어떤 의미를 지니고 있지는 않다. 우리는 고통에 의해 성찰의 기회를 가지게 되고, 자신이 처한 상황이 일반적이거나 정상적이지 않다는 사실을 알게 되는 것이다. 이때 마음을 드러낼 수 있는 언어가 필요하다.

──시는 치유 의례이다

시의 언어는 관념을 내포하고 있으며 사유가 압축되어 있기 때문에 시를 읽으면 감정의 변화를 일으키게 된다. 감정의 변화에 의해 자신의 모습을 성찰하고 그 과정에서 자연적으로 기억이 작용하여 자신에게 가장 영향을 끼친 체험을 떠올리게 된다. 이 체험에 의해 자신의 모습을 바로 봄으로써 현실의 고통을 수용하게 되고, 조화로운 자아를 획득할 수 있다.

시를 쓴다는 것은 끊임없이 무엇인가를 생성해 내고, 일상적인 삶에는 보이지 않는 것을 드러내는 창조적인 행위이다. 축적된 기억과 경험을 쓰기라는 구체적인 행위를 통해 드러내는 것이므로 시는 주관성과 내면성의 표현인 것이다. 시를 쓰면서 자신의 기억을 재구성하고, 그 과정에서 자존감을 획득할 수 있다. 시를 읽거나 쓰는 행위에서 현재 나의 모습에서는 보이지 않는 그 무엇인가를 찾아낸다면, 그것은 고통으로부터 자유로워지는 길을 비추는 빛이라고 할 수 있겠다. 시를 읽고 쓰는 행위가 자기만의 치유 의례가 되는 것이다.

예술은 고통받는 개인의 모습을 어릿광대로 나타낸다. 루오(Georges Rouault, 1871~1958)는 삶의 고통을 어릿광대로 묘사했고, 시인 김춘수(金春洙, 1922~2004)는 "내가 비칠할 때 여러분은 날 붙잡아야 해요. 비칠하는 건 언제나 여러분이니까요" "너무 우스워서 한 가지도 우습지가 않아요"라는 어릿광대의 말을 통해 세계의 모순과 부조리함에서 오는 고통을 노래했다.

여기에서 어릿광대는 고통받는 개인의 은유이다. 시는 은유를 통하여 이미지를 만들어내고 이미지는 개인의 체험에 의해 다양한 감정 변화를 일으키게 된다. 동서고금을 막론하고, 예술은 억압된 감정이 고통임을 은유적으로 말해 온 것이다.

고통을 치유하기 위해서는 용기와 도움이 필요하다. 우리는 세계 안에서 개별적으로 존재할 수 없다. 어떤 사람의 내면이 혼자 감당할 수 없는 고통에 의해 세계와 단절되고 고립되어 있다면 우리는 기꺼이 그를 향해 손을 내밀어야 한다. 인간은 언제나 전체 중의 하나이기 때문이다.

중요한 것은 이쪽의 '나'와 저쪽의 '그'가 '있다'라는 것이다. '나'와 '그' 사이에는 어떤 거리가 있겠지만, 좀 더 용기 있는 사람이 먼저 다가가 손을 내밀어야 한다. 그 손의 역할을 시가 할 수 있다고 확신한다. 닫힌 마음이 세상을 향해 열릴 때 시는 창이 될 것이다.

시 치유에 대한 확신을 얻기까지 많은 시간과 용기, 그리고 누군가의 도움이 필요했다. 한센인들의 집단촌을 찾아갈 때, '지금 나는 무엇 때문에 이분들을 찾아가고 있는가'라는 데에 생각이 멈추자 고요한 침묵이 나를 엄습했다. 그때 나에게 용기를 준 것이 나의 기억과 경험이었다.

어린 시절 그림으로만 보았던 『백설공주』는 나에게 무한한 상상력을 가져다주었고, 상상력은 내가 삶의 어려움을 헤쳐 나올 때 어둠을 밝히는 빛과 같았다. 어른이 되어 만난 시는 내 안에 잠재해 있던 슬픔의 모습들을 비추어주며 홀로 설 수 있게 해 주었다.

___희망을 찾아서

정기 검진을 나온 보건소와 병원의 관계자들과 함께 마을 회관에 들어섰을 때 그 어느 누구도 나에게 눈길을 주지 않았다. 나는 철저하게 외부인일 뿐이었다. 거의 한 나절을 기다려 진료가 끝났을 때 어렵게 그들 앞에 섰다. 그리고 나의 체면, 자존심 심지어 부끄러움까지 다 버렸다. 모두 무심했다. 잔뜩 경계하고 의심하는 분위기뿐이었다.

'이미 다른 마을에서 한 번 실패했지 않았는가. 이 마을에서도 나의 진심이 통하지 않는다면 어떻게 해야 하지' 하는 생각이 드는 순간 그들의 눈을 마주 보았다. 얼굴은 보이지 않고 오로지 눈만 보였다. 나의 전화번호를 알려 주었건만 아무도 적지 않았다. 그들은 손으로 적는 대신 기억했다.

집으로 오는 길에 전화를 받았다. 발걸음을 돌려 할머니를 만났다. 우리는 매주 2시간씩 얼굴을 맞대거나 한 이불 밑에 앉아서, 할머니는 60년 동안의 삶을 이야기하고 나는 들었다. 한 사람은 이야기로 다 하지 못하는 마음의 고통을 시로 구술했고, 한 사람은 옆에서 받아 적었다. 지금부터 7개월 동안 있었던 할머니와의 만남을 이야기할 것이다.

또 다른 한 사람이 있다. 이분은 무척 절박했지만, 내가 큰 힘이 되어주지 못했다. 실패를 통하여 시가 모든 사람들, 모든 고통을 다 나누어 가질 수 없음을 배웠다. 실패의 경험은 시 치유 외의 다른 인문학적 치유가 필요함을 알게 해 주었다. 누군가의 마음을 열고 그 마음속으로 들어간다는 것은 어리석은 생각이다. 나는 시로써 누군가의 마음을 보듬어 주고 어루만져 줄 수 있기를 희망한다.

우리는 어디서 와서 어디로 가는지 알지 못한다. 꽃잎은 자기가 어디로 가는지 모르고 바람에 실려 간다. 내일 나에게 어떤 일이 생길지 모른다. 그렇다면 천명을 알아서 천명에 순응하겠다는 나의 희망 자체가 나에게 괴로움을 주는 원인이라고 할 수 있다. 태어나고 죽는 삶의 과정 자체가 불완전한 것이고, 내가 경험한 것들을 쌓아 두는 마음과 몸이 고통의 근원이라고 할 수 있겠다.

몸과 마음이 있어 희망이 있고 희망에 의해 삶은 변화할 수 있는데, 그 모든 것이 고통이고 불완전하다면 어찌 해야 할까. 그럼에도 우리는 끊임없이 내적인 성찰을 통해 희망의 씨앗을 품어야 한다. 사람은 시간과 공간을 넘어 항상 의미를 추구하는 지향을 지니는데, 희망의 씨앗은 무엇을 지향해야 하는지를 알려주는 별빛과 같기 때문이다.

목차

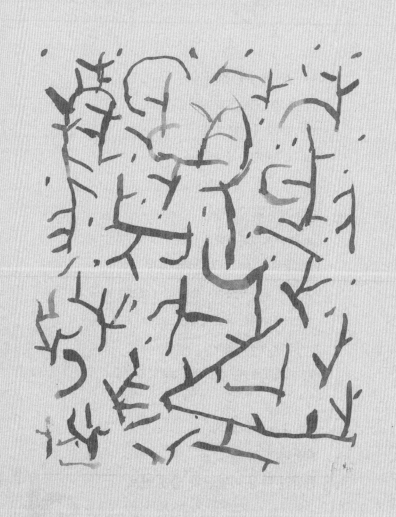

제1부

할머니,
지금 만나러
갑니다

1장

60년의 닫힌 문을 열다

___ 할머니의 집

집시들의 춤은 한 줄기 바람처럼 가볍고 노래는 오월의 햇살처럼 경쾌하다. 그들의 삶은 자유롭다. 할머니를 만나기 위해 마을에 들어서면서 먼저 마주친 것은 숨듯이 창 너머로 나를 훔쳐보는 눈길이었다. 눈이 마주치자 황급히 몸을 숙이는 여인의 모습에서 집시가 떠오른 것은 어떤 연유일까.

차에서 내려 기억을 더듬어 마을 입구일 것이라고 생각한 지점에서 한참을 머뭇거렸다. 마을은 보이지 않고 교회 십자가만 나뭇가지 끝에서 겨우 모습을 드러내고 있었다. 애기똥풀 꽃이 가득한 길가를 돌아서 걸어 들어가자 비로소 교회가 모습을 드러내고, 내리막길을 따라 집들이 보였다.

할머니의 집은 마을의 끝이다. 경사진 길을 따라 한참 내려가다 길이 끝나는 지점에서 왼쪽으로 다시 비스듬히 들어가면 유난히 키가 큰 노란 누드베키아 꽃들이 대문을 대신하여 서 있다. 담도 없고, 시골집에는 으레 있는 개 한 마리도 없는 작은 마당에 적막만이 감돈다. 문을 두드리자 두꺼운 안경 너머로 반가움이 먼저 나온다.

방안으로 들어서자 내 발걸음 수만큼 할머니는 뒤로 물러난다. 내가 가까이 다가앉자 역시 내가 다가간 만큼 뒤로 물러나 앉는다. 물 한 그릇을 청하자 "오늘은 별로 안 덥다."라는 말로 물을 대신한다. 커다란 거울이 달린 화장대가 방 가운데에 놓여 있고, 화장대 위에는 몇 개의 약병과 함께 화장품들이 놓여 있다.

"어머니, 제 이름은 김성리예요. 부모님께서 여자는 영리해야 한다고 바탕 성에 영리할 리를 이름으로 주셨죠. 모두들 리야라고 불러요."

"거 좋은 이름이네. 뭐하는 사람이라고 했노?"

"시를 공부합니다."

"시 공부하는 사람이 나는 뭐할라꼬 찾노."

순간 침묵이 흘렀다.

"어머니하고 이야기하려고 왔죠."

"어무이가 있나?"

"네, 고향에서 큰오빠 내외와 계세요."

"나도 딸이 하나 있다. 아니다. 둘이다."

여성의 삶에서 어머니의 자리는 특별하다. 세상의 어머니는
모성이라는 그들만의 언어로 대화를 나눈다. 할머니는 나에 대해
많은 것을 알고 싶어 했다. 나이, 아이들, 남편, 좋아하는 것, 싫어
하는 것 등을 묻고 또 물었다. 7월의 날씨는 더웠고, 나의 몸은 땀
으로 끈적거렸다. 할머니는 엉덩이로 몸을 움직여 손바닥으로 그
릇을 받쳐 물을 가져다주었다. 물을 마시고 말없이 부엌으로 나
가서 그 그릇에 다시 물을 부어 할머니께 드렸다.

__침묵의 대화

말은 입을 통하여 나오고 귀로 듣는다. 때로는 묻지 않아도 알
고 대답하지 않아도 들을 수 있는 말이 있다. 마음으로 하는 말은

마음으로 듣기 때문이다. 나는 할머니께 한하운(韓何雲, 1920~1975) 시인의 시「전라도길──소록도 가는 길」을 들려주었다.

가도 가도 붉은 황톳길

숨막히는 더위뿐이더라.

낯선 친구 만나면

우리들 문둥이끼리 반갑다.

천안 삼거리를 지나도

수세미 같은 해는 서산에 남는데

가도 가도 붉은 황톳길

숨막히는 더위 속으로 절름거리며

가는 길.

신을 벗으면

버드나무 밑에서 지까다비를 벗으면

발가락이 또 한 개 없어졌다.

앞으로 남은 두 개의 발가락이 잘릴 때까지

가도 가도 천리, 먼 전라도 길

할머니는 세 번을 반복해서 들으며 뭉툭한 손으로 방바닥만 문질렀다.

"누고?"

　나는 한하운 시인의 삶을 이야기처럼 전해주었다. 내가 누군가에게 관심을 가진다면 그 사람과 나는 함께 존재의 가치를 지닌다. 할머니는 한하운 시인의 이름을 들어본 적이 있노라고 했다. 시를 한 번 읽어보고 싶었노라고 했다. 그리고 덧붙였다.

"살았나? 죽었제?"

　언어로 표현할 수 없는 많은 것들이 방 안을 가득 채우는 사이, 할머니와 한하운 시인의 시는 침묵의 목소리로 말을 하고 있었다. 할머니의 눈은 끝을 알 수 없는 시간 저 너머의 어딘가를 보고 있고, 나는 기다렸다.

"이 사람은 왜 시를 썼을꼬?"

　할머니의 말은 짧고 명료했으며, 간간이 이어졌다.

"이 사람도 할 말이 많았겄제?"
"처음에는 참 이상한기라."

"꼭 내 끼 아인 것 같고 넘 것 같다가도 내 낀가 싶고."

할머니는 "버드나무 밑에서 지까다비를 벗으면 발가락이 또 한 개 없어졌다"라는 한하운 시인의 말에 "한참 일하다 보몬 칭칭 감고 있는 광목에 흙은 묻고, 집에 와서 풀어 보몬, 참 그런 기라."라며 응답했다.

"내가 좀 그랬제. 우리 영감은 안 그랬다."

소금을 먹어보기 전에는 소금의 짠맛과 바다의 짠맛을 구별할 수 없다. 담담하게 하는 할머니의 말을 옆에서 담담하게 들었다.

── 동무가 된다는 것

백 가지를 안다고 해도 한 가지를 모를 때가 있다. 그 한 가지가 사람의 마음이라면 그 마음을 알 수 있을 때까지 기다릴 수밖에 없다. 경상도 지역에서 흔히 하는 말이지만, 결코 해서는 안 되는 말 중의 하나가 '문디'이다. 서정주(徐廷柱, 1915~2000)는 자신의 시에서 이 '문디'는 밝은 낮에는 나올 수 없어 "달 뜨면 꽃처럼 붉은 울음을 밤새 우는 해와 하늘 빛이 서러운" 존재로 묘사했다.

끝없는 황톳길에서 낯선 사람이라도 그 사람이 문둥이라면 친구가 된다. 그런데, 만약 마음을 털어놓고자 하는 상대가 문둥이가 아니라면 어찌 할까. 나는 '문디'가 아니므로, 할머니 자체가 될 수 없으므로, 내가 아무리 많은 지식을 지니고 있다 하더라도 나는 할머니의 삶을 보여줄 수 없다. 그럼에도 불구하고 나는 할머니의 삶의 모습을 있는 그대로 드러내야 한다.

"나도 쓸 수 있겠나?"
"김 선생은 많이 배웠제?"

할머니는 일제 말기에 여고를 다녔다. 주말이 되면 부산진역에서 기차를 타고 울산 집에 가는데, 어머니가 대문 앞까지 나와 있었다. 다시 학교가 있는 부산으로 떠나올 때에는 보따리 가득 밑반찬이 들어 있었고, 어머니는 그 보따리를 들고 기차 안까지 들어와 자리를 잡아 주었다.

누군가의 말을 들어준다는 것은 그 사람의 마음이 "한자리 못 앉아 있는 마음일 때, 마치 강물이 산등성이에서 바다까지 갈 때 햇빛이 함께 가는 것(박재삼, 「울음이 타는 가을 강」)'처럼 그 사람과 같은 공간에서 시간을 함께 하며 기억을 공유하는 것이다. 나는 후덥지근한 공기 속에서 '한 자리 못 앉아 있는' 할머니의 마음을 보았다.

"산다는 것은 이렇게 혼자 속으로 조용히 우는 것(「갈대」)"이라는 신경림 시인의 말처럼 할머니는 60여 년 동안 혼자 말하고 혼자 들었다. 누구에게도 말할 수 없었고, 아무도 들어줄 수 없었던 이야기는 오랜 시간 동안 할머니의 내면에 상처를 주고, 그 상처는 더 큰 상처를 주며 할머니의 삶을 기억 저 너머에 가두고 있었던 것이다.

할머니는 TV 프로그램 중 이산가족을 찾는 것은 언제나 본다고 했다. 오빠와 언니가 있었지만, 할머니의 한센병 발병 사실을 알지 못한 채 헤어졌기 때문에 다시 만난 것은 불과 10여 년 전이다. 몸으로 살아가야 하는 현실에서 남과 다른 몸은 타인의 눈에 띄어서는 안 된다. 타인의 시선은 무차별적으로 그들만의 방법으로 나의 몸을 판단하기 때문이다.

일본에 살던 오빠가 오랫동안 수소문하여 할머니를 찾았을 때 오빠는 분노했다. 동생이 한센인이었기 때문에 국가도 사회도 심지어 고향의 지인들까지 동생을 버렸다는 사실에 망연자실했다. 할머니의 현실에 오빠는 절망하며 이 땅을 떠나자고 했다. 하지만 할머니는 떠날 수 없었다. 떠나기에는 상처가 너무 컸다.

어디였는지 기억도 나지 않는 한센인 집단촌에서 쫓겨나기를 여러 번 되풀이하며 전전하다가 낙동강 하구 둑에 움막을 짓고 살았다. 그곳에서도 쫓겨나 용호동에 정착했다. 그것도 잠시, 다시 신암을 거쳐 배를 타고 을숙도로 갔다. 을숙도로 가는 동안에도 인근 주민들은 삽과 곡괭이를 들고 나와 감시했다. 을숙도는 세상과 단절된 섬과 같았지만 차라리 그곳의 생활이 편하고 행복했다.

사라호 태풍이 오자 한센인들은 집채처럼 덮쳐 오는 물기둥을 피해서 죽을힘을 다해 을숙도에서 탈출했다. 그들은 동네로 들어오지 못하고 인근 초등학교에 강제 수용됐지만, 그 난리 속에서도 주민들의 위협은 살벌하고 집요했다. 비가 억수같이 내리던 밤에 그들은 청소차에 실려 지금의 마을에 내던져졌다.

——소통의 언어

내가 누군가로부터 인정받지 못하고 소외된다는 사실에서 비롯된 고통은 어떤 경우에도 나의 것으로 수용되지 않는다. 할머니의 삶을 떠나지 않고 있는 고통 중의 하나는 소외감과 절망이었다. 한센인들과는 같은 공간에서 숨조차 쉴 수 없다는 사람들의 이기적인 집착은 나와 다른 타인의 존재를 인정하지 않았기 때문이다. 나 혼자 잘 살겠다는 아집은 나에게 고통을 주지만, 너와 함께 살 수 없다는 아집은 타인을 고통 속으로 밀어 넣는다.

표현은 소통의 방법이기도 하지만, 때로는 소통을 가로막는 장애가 되기도 한다. 몸이 병들어 일그러지는 것은 육체가 무너지는 것일 뿐 한 사람이 일그러져 내려앉는 것은 아니다. 나와 너의 관계는 서로 다른 개개인의 감정들이 교차하는 과정에서 형성된다. 그러나 겉만 볼 뿐 속은 보지 않는 마음에서는 감정들이 교차될 수 없다.

이름을 바꾼다는 것은 이러한 소통 부재에서 오는 상실감을 의미하는 것일 게다. 할머니는 화장대 위에 놓인 공과금 고지서에 적힌 이름과는 다른 이름을 말해 주었다. 자신을 조금씩 갉아먹는 "매독 같은(「공간의 시 6」)" 현실의 벽 앞에서 느끼는 상실감을 시인 엄국현은 "이름을 바꾸었으면 한다. 나는 바람이 될 수도 있을 것이다(「공간의 시 6」)"라는 말로 대신했다. 이름을 바꿈으로써 자유로운 바람이 될 수도 있을 것이라는 시인의 희망처럼 할머니도 이름을 바꿈으로써 영혼을 구속하는 몸으로부터 벗어나고 싶어 했는지 모를 일이다.

마을 입구에서 마주쳤던 여인의 흔들리던 눈빛이 먼 옛날의 할머니 눈빛은 아니었을까. 나는 그 여인의 눈길에서 자유로운 영혼을 갈망하는 바람 같은 집시 여인의 희망을 보았던 게다. 희망은 현실을 추상화처럼 변형시키지만, 그 현실이 자신을 소진시키지는 않는다. 희망이 있으면 언제나 고통스러운 현실에서 다시 일어날 수 있기 때문이다. 81세의 할머니가 이름을 바꾸는 행위는 또 다른 세상과 소통하고자 하는 할머니만의 언어이며 희망일 것이다.

스스로 믿고 희망하는 행위 자체는 하나의 체험일 수 있다. 라이너 마리아 릴케는 조각상 토르소를 보며 "너를 바라보지 않는 곳이란 한 군데도 없으니까. 너는 네 삶을 바꿔야 한다.(「아폴로 고대 토르소」)"라며 토르소의 삶에 희망을 불어 넣는다. 집시들이 바람처럼 자유로운 삶을 추구하듯이 할머니는 60년간 닫혀 있던 문을 조금씩 열고 있었다.

2장

거울과 눈물

——거울

인간에게는 부끄러움이 있고, 이 부끄러움 때문에 사실을 감추려고 한다. 영원히 감추어 두어야 하는 대상이 자기 자신이라면 삶은 어둠 속에 갇히게 된다. 자신의 실상이 자신에 의해 가려져 스스로 소외될 때 우리는 기억 속에서 위안을 받고자 한다.

그러나 그 기억이 쓰라린 경험과 함께 떠오를 때 위안은 문을 닫거나 눈을 감는다. 이러한 의지와 관계없이 고통스러운 기억은 모습을 달리하여 우리의 삶을 떠나지 않고 머무르며, 마음속 옹이를 단단하고 크게 키운다. 비록 그 옹이가 나의 고통이고 나의 삶을 잠식하는 것일지라도 그 상처를 잡고 있어야 할 때가 있다. 그것을 잡고 있어야 나의 삶을 이어갈 수 있기 때문이다.

할머니의 일상을 유지시켜 주는 옹이는 작은 방 곳곳에 얼굴을 내밀고 있었다. 초여름인데도 두꺼운 커튼이 작은 창문을 반쯤 가리고 있었고, 방 안 그 어디에도 사진이 없었다. 사진이 없는 작은 방, 과거와 단절된 채 현재의 시간만 있는 그 방이 할머니의 옹이를 말해 주고 있었다.

화장품과 약병이 놓인 화장대의 거울이 어색하게 느껴졌다. 그 큰 거울 앞에서 할머니는 아마도 비켜가는 시선으로 자신을 보았을 것이다. 거울 앞에서 할머니는 얼마나 많은 시간 동안 자신의 존재를 부정하며, 스스로를 비켜갔던 것일까. 그런 사이 옹이는 죽음처럼 단단하게 여물었을 것이다.

한하운 시인은 시 「자화상(自畵像)」에서 "한 번도 웃어본 일이 없다/ 한 번도 울어본 일이 없다."고 말했다. 자신의 얼굴은 "웃음도 울음도 아닌 슬픔/ 그러한 슬픔에 굳어버린" 모습이다. "지나는 거리마다 쇼윈도 유리창마다/ 얼른얼른 내가 나를 알아볼 수 없는 나의 얼굴"이기에 그의 자화상은 옹이처럼 굳어 버렸던 것이다.

그러나 할머니의 일상에 언뜻 언뜻 비치는 모습은 한센병 이전의 처녀 적 고운 모습 그대로였다. 이야기를 하면서도 할머니의 손은 머리카락을 뒤로 단정하게 쓸어 넘기고 있었다. 방 안에 앉아 있으면서 치맛자락을 가지런하게 펼치기를 반복하고, 81세 라는 나이가 믿기지 않을 정도로 허리를 펴고 있었다.

"피부가 참 고우셔요."라는 나의 말에 할머니는 턱짓으로 화장대를 가리켰다.

"저거 좀 비싸게 주고 샀다. 저번에 화장품 아지메가 와서 새로 나온 건데 좋다 카더라."

화장대 위에는 요즘 드라마 전후의 광고에 나오는 화장품 병이 세 개 놓여 있었다. 수줍게 웃을 때나 나의 이야기에 소리 없이 크게 웃을 때도 할머니의 모습은 너무 고와서 슬펐다.

—눈물

할머니가 19살 때 한센병이 찾아왔다. 할머니는 명랑하고 친구와 노는 걸 무척 좋아했기 때문에 학교 수업 중에서도 체육 시간이 가장 좋았다. 여름이 가까워 오던 어느 날 문득 다리의 피부가 부옇게 보였다. 처음에는 때가 끼었나 싶어 문질러 보았지만 소용이 없었고 날이 갈수록 다른 사람의 눈에도 띌 만큼 부옇게 변하며 건조해져 갔다.

"땀이 안 나더라. 다른 사람들은 덥다고 땀을 닦는데 나는 땀이 안 나. 그때는 몰랐지. 한참 지나서 땀이 안 난다는 걸 알았제."

혹시나 했지만 단순한 피부병일 거라고, 곧 괜찮아질 거라고 애써 생각했다. 초여름인데도 계속 다리가 건조해서 어머니의 동백기름을 살짝 바르기도 해 보았지만, 나아지지 않고 얼굴까지 부옇게 느껴졌다. 그렇게도 좋아하던 체육 시간에도 할머니는 혼자 그늘을 찾아 친구들을 바라보았다.

오늘은 학교 가기가 싫었다.
다른 아이들은 이 날을 즐거워하며
좋아하는 시간이었다.
짧은 체육복을 입고 운동장을 뛰며
즐거워하고 있다.

나는 왜 이렇게 고통이 많고
내 앞에는 여러 가지 시련이 닥치나

절망에 싸였다.

　　　　　　　　　　　　　　─「내 인생길」의 부분

　　할머니는 자작시 「내 인생길」을 천천히 읊어주었다. 그리고
자신의 이야기를 중간 중간 쉬어가며, 한숨을 크게 쉬며 나지막
하게 들려주었다. 한센병 이전의 할머니는 유일하게 종아리를 드
러내고 마음껏 뛸 수 있는 체육 시간을 매우 좋아하고 기다렸다.
종아리를 스치는 바람의 느낌도 좋았다. 하지만 남의 눈에 쉽게
띄는 종아리는 이제 감추어야 했다.

　　다리의 피부색이 변하기 전부터 얼굴과 몸이 붓고 손발에 힘
이 없었다. 사랑에 빠졌던 할머니는 임신이 아닐까 생각했지만,
병원에 갈 수 없었다. 누워 있는 시간이 많아지면서 어머니는 한
의원에 가기를 권했지만 임신 사실이 드러날까 두려워 갈 수 없
었다. 할머니의 의지로 할 수 있는 일은 감추는 것뿐이었다.

　　고녀 시절에 할머니는 남자를 만났고, 그리고 고녀 졸업반일
때 임신했다. 사랑하는 사람이 일본 순사 부장의 아들이었기에
드러내놓고 말할 처지도 못 되었지만, 처녀가 임신을 했다는 사
실은 너무 부끄러워 감추어야 했다. 누구에게도 말할 수 없는 비
밀을 안고 지내는 위태로운 시간들이었지만 학교에 가는 것은 즐
거웠다.

시간이 지나면서 손발의 감각이 무뎌지고 눈썹이 눈에 띄게 빠졌다. 세수를 하고 얼굴의 물기를 닦은 후 수건에 묻어 있는 눈썹을 떼어내면 손이 후들후들 떨렸다. 졸업이 다가오자 모두 사진을 찍는다고 들떠 있었지만, 할머니는 불러오는 배로 인하여 바깥으로 나가지 못하고 방 안에만 있었다.

잠시 숨을 고르던 할머니의 눈에서 눈물이 떨어졌다. 심한 백내장과 오랜 기간의 한센병 투병으로 동공의 색깔은 검은색을 잃어가고 있었지만, 눈물은 맑고 투명했다. 할머니의 손을 잡았다. 머리카락을 단정하게 쓸어내리던 손, 오랜 시간을 홀로 눈물 닦았을 그 손은 뭉툭했다.

무너질 가슴이 남아 있었던가. 할머니는 안으로 무너져 내리고 있었다. 할머니는 손을 빼내어 치마 밑으로 감추었다. 할머니의 마음속 뜰은 텅 비어 있었다. 출입문 유리 너머로 보이는 마당에는 여름 햇살만 소리 없이 내려앉고, 잡아주고자 하는 손마저 거부한 채 할머니의 눈물은 또 한 방울 떨어져 내렸다.

눈물을 흘린다는 것은 할머니의 감정이 살아 있었음을 말한다. 60여 년 동안 누구에게도 열어서 보여주지 않았던 자기만의 뜰을 보여주는 것은 쉽지 않으리라. 할머니의 외로움은 많은 사람들이 얽히고설켜서 살아가는 곳이 세상인데, 그곳에서 홀로 떨어져 있어야 한다는 불안에서 온 것이다.

　우리는 "홀로 선 사람끼리 만나 둘(서정윤, 「홀로서기」)"이 되고
자 한다. 그러나 가슴을 치며 울 수조차 없었던 할머니가 기대어
살아갈 또 다른 누군가를 만난다는 것은 현실적으로 불가능했다.
할머니는 임신을 하고, 또 면역력이 떨어진 상태에서 자기도 모
르게 한센병에 걸렸던 것이다.

——슬픔

　외롭다는 것은 자신과 세상을 연결할 수 있는 공간이 비어 있
음을 말한다. 김소월(金素月, 1902~1934)은 「산유화」에서 청산에
홀로 피어 있는 꽃의 외로움을 노래했다. 청산과 꽃 사이에는 저
만치 거리가 있듯이 사람이 있는 세상과 할머니 사이에는 텅 빈
공간이 놓여 있어서 건너갈 수가 없었다.

　몸의 이상과 불러오는 배를 누군가 알아볼까 봐 방 안에 숨
어 지낼 때, 할머니에게 친구들은 가장 큰 위안이었다. 친구들은
거의 매일 찾아와 그날의 일들을 말해 주었고, 할머니와 마쓰시
타 사이의 전령 역할을 해 주었다. 그때쯤 동네에는 할머니가 한
센병에 걸렸다는 소문이 나돌았지만, 친구들은 그 소문에 개의치

않았고, 할머니도 애써 부정했다.

소문은 점점 더 거세져서 언제나 학교를 마치면 할머니에게 와서 한 이불 밑에 같이 발을 넣고 어깨를 맞대며 웃고 장난치던 친구들이 하나 둘 찾아오지 않았다. 마지막으로 온 친구는 방으로 들어오지 않고 문 밖에서 다시는 올 수 없다고 했다. 여기 온 걸 알면 부모님으로부터 크게 혼날 거라고 했다.

할머니는 자기를 떠나갔던 친구들에 대하여 담담하게 말했다.

"온 동네에 소문이 파다했제. 그래도 친구들은 살짝 나와서 나하고 이불 밑에서 다리를 포개기도 하고, 아들이가 딸이가 농담도 했다."

할머니는 빙그레 웃었다. 그리고 덧붙였다.

"나보고 니는 연애도 하고 좋겠다고 부러워했제. 갸들도 어쩔 수 없었는 기라."

하지만 그 당시의 할머니는 친구나 동네 사람들에게 어떤 말도 할 수 없었고, 눈앞의 현실을 믿지 않았다. 그러나 시간이 지나면서 할머니는 자신의 예감대로 한센병에 걸렸다는 것을 알게 되

었고, 슬픔이 끝없이 밀려 왔다. 그 슬픔의 눈물은 60여 년이 지
난 지금까지도 결코 멈추지 않았다.

하나님, 이렇게 땅 위에는
모래알같이 많은 인간이 살고 있지만
내게는 나병이라는 걸 내립니까.
하나님도 원망하고 싶고
내 자신도 미워
차라리 이 땅 위에 태어나지
않았으면 좋았을걸.

—「내 인생길」의 부분

할머니는 자신을 "모래알같이 많은 사람 중의 하나가 아니며,
차라리 태어나지 않은 게 더 좋을 뻔"한 존재로 생각한다. 이러한
자기 존재의 부정은 자기의 삶에서 의미와 가치를 상실하게 한
다. 뜻밖에 찾아온 나병은 할머니의 삶을 죽음과 같은 어둠 속에
놓이게 했지만, 그럼에도 불구하고 살아 있었기 때문에 새가 지저
귀는 소리를 들을 수 있었고 꽃이 피고 지는 것을 볼 수 있었다.

육체적인 질병에 의해 마음은 병들어도 삶은 지속된다. 자신
에 대한 부정적인 감정은 절망에 빠지게도 하지만, 또 한편 자신

의 가치를 회복하고자 하는 희망도 품게 한다. 이 때문에 눈물 속에서도 자신을 포기하지 않게 되었는지 모른다. 그래서 할머니는 나를 만났을 때, 자신이 살아 있음을 세상을 향해 말하고 싶지 않았을까.

판도라의 상자가 열렸을 때, 세상의 온갖 재앙과 슬픔이 쏟아져 나왔고, 마지막으로 모습을 드러낸 것이 희망이다. 인간은 불행 가운데서도 희망을 가지게 된 것이다. 희망 때문에 더 절망하는 경우도 있지만, 희망이 있어서 고통을 견디기도 한다. 할머니에게 임신과 한센병은 더할 수 없는 불행이었지만, 그럼에도 불구하고 삶을 포기하지 않았다. 오히려 가슴속 깊은 곳에서 자기만의 옹이를 진주로 키워내고 있었다.

3장

쫓겨나고 버려지다

─ 산속 움막으로 쫓겨 가다

몸이 아프거나 외로울 때는 어머니가 끓여주던 미역국이 먹고 싶다. 싱싱한 생선과 생미역을 넣고 끓인 뜨거운 국을 먹으면 몸이 따뜻해지면서 힘이 솟았다. 어머니는 내 이마에 흐르는 땀을 닦아 주면서 안쓰러움과 기쁨이 교차하는 기색을 감추지 않았다. 미역국에서는 언제나 어머니의 냄새가 났다.

행복한 일상보다 힘들고 고통스러울 때 우리에게 먼저 떠오르는 사람은 어머니이다. 할머니는 이야기 중간 중간에 어머니가 살아 계시냐는 질문을 자주 했다. 그 질문 뒤에는 "김 선생도 아

(아이)가 있제?"라는 또 다른 질문이 꼭 이어 나왔다. 할머니에게 어머니는 얼굴도 알 수 없는 아들과 함께 수많은 마음속 옹이 중의 하나였다.

할머니가 한센병에 걸렸다는 소문은 마을 전체로 퍼져 나갔고, 가끔씩 호기심으로 소문의 진위를 탐색하기 위해 오던 이웃들의 발길도 끊겼다. 할머니와 어머니 둘이서 살던 집은 세상 속의 섬이었다. 두 사람은 말을 잃어 갔고, 하루 종일 사람 소리가 들리지 않는 날이 많아졌다.

할머니가 한센병에 걸렸음이 기정사실화되자 할머니와 어머니는 살고 있던 집을 강제로 빼앗기다시피 팔고, 동네 뒷산 기슭에 있는 허물어져 가는 움막 같은 집으로 거처를 옮겼다. 그곳은 밤이 되면 더 무섭고 추웠다. 짐승의 울음소리도 무서웠지만, 누군가 와서 해치지 않을까 두려운 마음에 깊이 잠들 수도 없었다.

19살의 할머니와 어머니는 초여름이었지만 부둥켜안고 잠을 잤다. 산속 움막은 계절과 관계없이 밤만 되면 서늘한 바람이 여기저기서 들어왔고, 혹시 잠이 깊이 들었을 때, 누군가 와서 딸을 해칠까 봐 어머니는 깊은 잠을 자지 않았다. 앞이 보이지 않는 절망감과 태어날 아이에 대한 불안감에서 할머니는 벗어나지 못하고, 하루하루를 무기력하게 보냈다.

움막 주위 어디에도 물이 없었다. 마을 사람들은 오랜 시간을 함께 지내왔지만, 한센병에 걸린 할머니가 물가에 있는 것을 허락하지 않았다. 씻을 물도 마실 물도 움막 가까이에서는 찾을 수가 없었다. 사람들은 할머니가 산속에 흐르는 물줄기 가까이에 갈까 봐 멀리서 끊임없이 감시하고 있었다.

어머니는 사람이 많은 시간을 피해서 새벽이나 저녁 무렵에만 우물로 갔다. 하지만 마을 사람들은 용케 알고 쫓아와 두레박을 뺏고 물통을 발로 차며 우물가에 접근하지 못하게 했다. 어머니는 머리카락이 헝클어지고 옷고름이 찢어진 채로 빈 물통을 들고 와 통곡하는 날이 많았다.

이래도 부모는 병든 자식이
그렇게도 좋을까
우물에 물을 뜨러 가시면
많은 사람들에게 두레박을 빼앗기며
양철통을 발로 차이고
온갖 학대와 멸시와 천대를 받고
돌아오면 모녀간에 부둥켜안고 울어
눈도 붓고 얼굴도 부었네.

—「내 인생길」의 부분

___세상으로부터 버림받다

이야기를 하는 할머니의 숨결이 빨라졌다 느려지기를 반복했다. "벌레도 풀의 이슬을 먹고 사는데, 나는 사람이다 하고 소리질렀다. 나는 벌레도 아인기라."라고 말하는 할머니의 얼굴은 고통으로 일그러졌다. 할머니의 눈가에 맺힌 눈물은 떨어져 내리더니 코끝에 걸쳐 있는 안경알에 고였다.

할머니는 스스로를 사람도 아니고 벌레도 아닌, 아무것도 아닌 그 무엇이라고 했다. 사람이지만 사람으로 살 수 없는 한센인은 "하늘과 땅과 그 사이에 잘못 돋아난 버섯(한하운, 「나」)"과 같은 존재였다. "다만, 억겁을 두고 나누고 또 나누어도 많이 남을 벌(「나」)"받은 존재인 것이다. 오로지 남아 있는 것은 "욕이다 벌이다 문둥이(한하운, 「삶」)"라는 처절한 현실뿐이었다.

한센병에 걸린 자신으로 인하여 어머니가 겪는 고통은 할머니에게 자신의 병보다 더 견딜 수 없는 벌이었다. "사람이 살지 않는 들판으로(「내 인생길」)" 내달려도 마음의 고통은 수그러들지 않았다. 오히려 돌에 차이고 나뭇가지에 긁힌 상처는 한센병의 진행을 도왔다. 병은 몸을 조금씩 잠식해 왔지만, 뱃속의 아이 때문에 시중에 떠도는 약은 아무 거나 먹을 수 없었다. 한센병에 좋다고 인정된 약은 너무 비싸 사 먹을 수 없었다.

세상으로부터 버림받았다는 사실은 절망이라는 마음의 병을 가지고 왔다. "차라리 이 땅 위에 태어나지 않았으면 좋았을(「내 인생길」)" 자신으로 인해 곤궁한 삶을 사는 어머니를 보면서 할머니의 마음은 병들어 갔다.

"배는 불러오제, 끼니거리도 구하기 힘들제, 우리 어무이는 온 산을 헤매고 다니며 산나물이고 열매고 갖고 와서 나 먹이기 바쁜 기라."

할머니의 숨결이 다시 가빠졌다. 눈시울은 붉게 물들고 맞잡은 손이 떨리고 있었다.

나는 분명히 살아 있는데, 죽은 사람처럼 먹지도 마시지도 씻지도 못하고, 사람 가까이에 갈 수도 없는 삶을 살아야 한다면, 그 삶은 사는 것일까? 죽는 것일까? 그러한 삶을 살아야 하는 딸을 옆에서 지켜보아야 했던 어머니의 심정을 말과 글로 표현할 수 있을까? 할머니는 현재 살아 있지만, 살았다고 말할 수 없는 지난날을 말로 다 하지 못하고 깊은 한숨과 눈물과 떨림으로 나타내고 있었다.

60여 년의 세월이 지나도 어머니에 대한 기억은 할머니 자신에 대한 부정적인 마음과 연관되어 나타나고 있었다. 차라리 자기가 없었더라면, 어머니는 가족이 함께 살던 큰 집에서 넉넉한 생활을 하며 편안한 여생을 보냈을 것이라는 생각을 떨치기 힘들었다. 임신만 하지 않았더라도 어머니 곁을 떠났을 것이고, 그러면 어머니가 좀 더 편안하게 살았을 것이라는 회한도 컸다.

—느삼태 찾아 이산 저산 헤매던 어머니

무더운 8월 여름에 아이를 낳았다. 아들이었다. 조금씩 나오던 젖도 나오지 않는 날이 많았다. 아이는 언제나 배를 곯았다. 어쩌다 살갑게 지냈던 사람들이 아이 낳은 것을 알고 살짝 갖다 놓고 가는 양식이 유일한 끼닛거리가 되는 날이 이어졌다. 산 아래 사람이 사는 세상은 해방이 되었다고 기쁨이 넘쳤지만, 산기슭 움막에는 적막만 있었다.

"한 번도 제대로 된 옷을 못 입혔제. 지도 산 목숨이라고 팔다리를 버둥거리는데, 젖이 안 나오는 기라."

할머니는 이야기를 멈추고 긴 한숨을 쉬었다.

"에미는 나병에 걸렸는데, 아는 괜찮더라. 참 우습제."

많은 사람들이 전염될까 봐 외면했는데, 정작 한 몸으로 있었던 아이는 건강했다. 눈으로 보면서도 건강한 아이를 낳았다는 사실이 믿어지지 않았다.

아이를 낳았지만, 아이의 아버지는 찾아오지 않았다. 해방이 되자 신변의 위험을 느끼고 일본으로 급히 돌아갔다는 사실도 어렵게 찾아온 친구를 통해 뒤늦게 알았다. 그리고 할머니가 한센병에 걸렸다는 사실도 알지 못하고, 일본으로 가기 전에 할머니를 찾았노라고 친구는 전해 주었다.

어쩌면 아이를 낳은 사실도 영원히 모를 것이라고 할머니는 짐작했다. 실제로 마쓰시타가 아이의 존재를 알았는지 몰랐는지 그런 것과는 관계없이 할머니는 자신과 아이가 마쓰시타로부터 외면당하지 않았다는 믿음을 갖고 싶었는지 모른다. 아이는 세상에 태어나서 한 번도 아버지를 보지 못했다.

아이를 낳고 얼마 지나지 않자 병은 무서운 기세로 할머니를 덮쳤다. 절망에 빠져 자포자기한 산모와 제대로 울지도 않는 갓난아기를 두고, 어머니는 하루 종일 산을 헤매고 다녔다. 한센병에 좋다는 느삼태를 구하기 위해 산꼭대기까지 오르내렸다. "허리에는 노끈을 드리우고 약초 망태기는 어깨에 메고, 지팡이를 손에 잡고 이산 저산으로 헤매며(「어머니」)” 다녔다.

어머니는 오로지 느삼태를 구하기 위하여 어떤 날은 “엎어지고 넘어져” “머리 깨어 피투성이가 되”기도 하고, “까치 밭길에 천 갈래 만 갈래 찢긴 옷”을 “바람에 휘날리”며 돌아오기도 했다. 느삼태를 구하지 못하고 돌아오는 날이면 “내 한이야 내 한이야” 하며 통곡했다. 어머니의 통곡 소리는 지금도 할머니의 귓가를 맴돌고 있다.

__사모곡과 할머니의 두통

어머니가 당했던 고통의 근원이 자신이라고 생각하는 할머니는 “머리털 하나하나 뽑아서 어머니 신틀메를 삼아도, 뼈를 깎아 어머니 공덕탑을 세워도” 불효를 벗어날 수 없다고 여겼다. 어머니에 대한 사랑은 60여 년이 지났지만, 지금까지 할머니의 가슴에 흐르고 있다가 한 편의 시로 재현되었다.

이 불효 여식
벌레만도 못한 인생
이것 무엇 보시고

당신께서는 그 높은 사랑

사랑으로 아낌없이

쏟아 부어 주십니까.

팔십 평생 살며

어머니 앞에

딸자식 자랑거리가 못 되어

많은 사람에게

멸시와 천대받아 가며

어머니 앞에 황송할 뿐인

이것이 내 인생길입니다.

어머니

끝끝내 당신은

나를 두고 눈물로

황천길 가셨나요.

아,

어머니.

— 「어머니」의 부분

시 「어머니」를 읊고 나자 할머니는 머리가 아프다고 했다. 이마에 열기가 있었다. 놀라서 화장대 서랍을 열고 약을 찾았다. 서랍 안은 몇 권의 공책과 전화번호부가 깔끔하게 정리되어 있었지만, 수많은 약봉지 속에서 두통약과 해열제를 찾기는 쉽지 않았다. 약을 찾는 나를 보며 할머니는 말을 이어 갔다. 나는 돌아앉은 채로 대꾸할 말을 찾지 못한 채 할머니의 말을 듣기만 했다.

"내가 오늘날까지 이거, 묵어 있던 거 몸 밖에 꺼내어 뭐할 낀고 싶다."

"우리 어무이는 참 고왔다. 아버지가 좀 일찍 돌아가시고 해도, 남긴 것도 있고 논도 있고 먹고 사는 데에 넉넉했다."

"봐라, 김 선생. 약 안 먹어도 된다. 옛날 생각해서 머리 아프다."

"어젯밤에 가만히 누워서 생각하니까 눈물이 나더라. 마이(많이) 나서 마이 울었다. 그래 머리 아프다."

할머니 옆에 가서 얼굴을 들여다보았다. 내가 할 수 있는 것은 가만히 웃는 것뿐이었다. 할머니를 만나면 시를 읊기 전까지는 내가 많은 말을 하지만, 할머니가 시를 들려주고 그것을 받아적기 시작하면 해야 할 말이 생각나지 않았다. 그냥 가슴이 먹먹

해지고, 마치 나와는 아무런 상관도 없는 이야기인 것처럼 받아
적는 내 자신이 낯설게만 느껴졌다.

할머니의 두통은 계속되고 있었다.

4장

죽음 끝에 새로운 삶을 만나다

—— 장애의 벽을 허물다

일주일이 지나도 할머니의 두통은 지속되고 있었다. 대화 중
간에 말을 끊고 침묵하는 시간도 길어졌다. 침묵하는 동안의 할
머니는 마치 어딘가 먼 곳으로 떠나 있는 것처럼 보였다. 고통의
실체를 직접 대면한다는 사실을 할머니는 두려워하는 듯했다.
60년 동안 할머니의 내면에만 머물렀던 고통의 실체는 크고 단
단한 옹이가 되어 깊숙이 자리 잡고 있었다.

이 옹이를 할머니는 "몸 안에 묵어 있던 이거"라고 표현했다.
"내가 오늘날까지 이거, 묵어 있던 거 몸 밖에 꺼내어 뭐할 낀고

싶다."라며 깊은 한숨을 내쉬었다. 마음 밖으로 꺼내는 것이 아니라 몸 밖으로 꺼내는 것에 의미를 찾지 못하고 망설이고 있었다. 오랜 시간을 혼자 고통을 되새기며 보내는 동안 몸과 마음은 경계를 상실하고 있었던 것이다.

마음이 있어서 몸의 고통을 느끼고 그 고통으로부터 자유로워지기를 원하지만, 몸이 마음의 장애가 되어 자신을 속박하는 현실 앞에서 우리는 무력해질 수밖에 없다. 그 장애를 없애기 위해 많은 노력들을 하지만, 때로는 사람의 힘으로는 어찌할 수 없는 거대한 힘을 만나게 된다. 우리는 그것을 운명이라고 한다. 나의 운명을 어찌할 수 없을 때 고통은 시작된다.

오랫동안 자신의 삶을 속박했던 장애의 벽을 허물고 세상과 소통하고자 하는 마음과 이러한 행위 자체에 의미를 부여하지 못하는 마음 사이의 갈등은 할머니의 내면을 분열시키고 있었다. 갈등에 의해 할머니는 마음을 한 군데에 두지 못하고 계속 어딘가를 헤매고 있었다. 자신의 삶의 행적을 차마 말로 옮기지 못하고 망설일 때에 시는 공감의 통로를 만들어 줄 수 있다.

"내 죽으모 그거는 인자 남가 놓고" 갈 수 있겠다고 했다. 할머니는 내면의 고통을 드러낸 시를 죽은 뒤에 남길 수 있는 자기의 흔적으로 표현한 것이다. 할머니에게 삶은 그 자체가 고통이었다. 이제 그 고통을 남겨 놓겠다는 말은 자기를 외면하고 소외

시켰던 세계에 자기의 존재를 알리겠다는 하나의 징후이다.

내면의 고통을 드러내는 것은 자기 회복의 길로 들어서기 위해 취하는 적극적이며 능동적인 행위이다. 할머니의 삶을 지배하던 고통의 근원은 몸의 질병과 그 질병으로 인한 삶의 장애에서 비롯된 것이다. 따라서 고통의 실체를 시를 통해 드러내는 것은 삶의 장애로부터 벗어나겠다는 의지의 징후이지만, 그 징후는 망설임과 갈등도 동반하고 있음을 첫 번째 시에서 알 수 있었다.

고요한 이 밤
풀에 벌레들
아름다운 멜로디로
내 심장을 울리네.

아
현해탄의 사랑이여
옛 추억의 첫사랑
——내 전부를 바친 임이여
그리워 그리워서
하염없는 눈물에
내 옷깃이 젖었네.

소리쳐 통곡할 때
초승달도 울고 있네.

이 밤도 뒹구르며
몸부림칠 때
눈물이 강이 되어
잠을 이루지 못하네.

—「여름밤」의 전문

　이 시에는 고통의 근원인 한센병에 대한 표현은 없고, 할머니의 고통이 단순하게 젊은 날 이루지 못한 첫사랑 때문인 것으로 묘사되어 있다. 실연의 슬픔은 여름밤 풀벌레 울음소리와 초승달과 같은 자연으로부터 전이되어 온 것처럼 보인다. 그러나 이러한 심리 표현은 할머니의 내면 세계가 슬픔으로 가득 차 있기 때문에 자신을 둘러싸고 있는 자연에 투사되어 나타나는 것이다.

　전이와 투사는, 시를 쓰긴 했지만 처음부터 내면의 고통을 드러내는 것이 아니라 오히려 숨기고 싶은 마음이 강하게 작용한 결과이다. 내면의 갈등은 가라앉지 않는 두통으로 나타나고 있었다. 그럼에도 같은 한센병을 앓았던 한하운 시인의 시를 읽고 그의 삶을 궁금해하는 것은 시가 할머니에게 단절되었던 과거의 세계로 다가가는 소통의 길이기 때문이다.

─ 죽음으로 다가가다

할머니는 두 번째 시 「어머니」에서 60년의 세월 동안 결코 멈추지 않았던 사모의 마음을 표현했다. 한센병을 치료하기 위해 노심초사하던 어머니는 아이를 낳은 이듬해 큰 병을 앓지도 않았고 시름시름 앓지도 않았지만 자리에 누운 지 며칠 만에 돌아가셨다. 아이는 더 이상 키울 수 없어 입양시킨 후였다. 할머니는 "하늘과 땅 사이에 나만 남았지"라며 허탈하게 웃었다.

할머니는 다섯 번째 시 「내 인생길」에서 처음으로 자살을 시도했노라고 했다.

어느 8월 15일
유난히도 밝은 달이었다
내 발걸음은 태화강을 걸어가
강변에 우둑히 선
반구돌에 우뚝 서서
강물에 몸을 던져 자살을 기도했다.

이것마저도 내 운명이 아니었는가

뱃놀이 나오는 사람들의

구제의 손길에 다시 살아났다.

—「내 인생길」의 부분

자신이 동네 사람들로부터 철저하게 소외당한 채 물조차 마
실 수 없는 비인간적인 상황에 놓이자 태화강으로 몸을 던졌다.
자살은 세상과 단절되어 절대적인 밀폐의 상황에 놓인 인간이 할
수 있는 극단적인 자기 표현이다. 세상으로부터 버림받았다는 절
망감과 한센병 발병이라는 현실에 말할 수 없는 불안을 느끼고,
이 불안이 극대화되자 스스로 삶을 포기하게 된 것이다.

개인은 관계를 통하여 전체를 구성한다. 관계가 지속되지 못
하고 전체의 구성원이 되지 못한다면 '자기'라고 할 수 없다. 키
르케고르는 인간은 하나의 종합이므로 관계가 없는 인간은 '자
기'가 아니라고 했다. '자기'라는 정체성은 혼자 형성되는 것이
아니라 타인과 있을 때 형성되는 것이다.

할머니가 누군가에게 말을 할 수 있었다면, 또 누군가가 할머
니에게 말을 걸어 주고 들어 주었더라면 자신을 스스로 버리는
극단적인 행동은 없었을 것이다. 자살은 할머니가 세상을 향해
할 수 있는 유일한 반항이었다. 하지만, 우연히 뱃놀이 나온 사람

들에 의해 구조됨으로써 할머니는 또 다른 삶을 만나게 된다.

자살을 시도했다는 것은 할머니에게 자기에 대한 의식이 강하게 있었다는 것을 의미한다. 자기를 "멸시와 천대를 받아가며(「어머니」)" 살아야 하는 "손톱만한 벌레만도 못한(「내 인생길」)" 인간이기에 "차라리 벼가 되었으면(「내 인생길」)" 하는 자기 부정은 분노를 불러온다. 그러나 분노는 지금까지와는 다른 자신을 볼 수 있는 계기가 되기도 한다.

의식 있는 자는 고뇌하며, 고뇌하는 자는 분노할 수 있으며, 분노는 절망과 달리 "나는 누구인가"라는 물음 앞에 자신을 스스로 세우게 한다. 자신이 세상으로부터 지워지고 싶지 않으며 인간적인 삶을 살고 싶다는 욕망에 의해 분노가 생기기 때문이다. 이 분노에 의해 자기를 죽음으로 이끌었던 마음의 병에서 어느 정도 벗어날 수 있었다. 스스로 죽고자 하는 것이 자기의 운명이 아님을 알게 된 것이다.

—새로운 삶을 만나다

혼자 지내고 있던 어느 날, 낯선 남자가 움막으로 찾아 왔다. 조금씩 이상 증후를 보이는 몸 때문에 할머니는 그 남자가 움막에 드나드는 게 싫었다. 하지만 그 남자는 며칠을 계속 찾아와서 할머니로서는 구하기 힘든 '대풍유' 같은 한센병 치료제를 외상으로 건네주었다. 자신을 약장수라고 소개하면서 중매도 한다고 했다.

"이 동네 저 동네 소문이 난 기라. 한센병 걸린 젊은 처자가 혼자 산다고 옆 동네에서 들었다 카더라."

끈질긴 청을 거절하기 힘들었지만, 혼자 움막에서 지낼 수 있을까 하는 불안감은 더 컸다. 그 남자는 일본에서 한센병 전문 의사가 와서 무료로 치료해 주는 진료소를 차렸는데, 그곳까지 함께 가주겠다는 제의도 했다.

할머니가 움막에 머물러야 할 이유가 없었다. 어머니도 아이도 떠났고, 할머니의 마음은 배고픔과 외로움과 불안감으로 지쳐갔다. 어쩌면 일본인 의사의 도움과 좋은 약을 먹으면 병이 나을지도 모른다는 기대감과 지금이라도 병이 나으면 마쓰시타와 아이를 찾아갈 수 있을 것만 같은 희망에 그 남자를 따라 길을 떠났다.

아무리 많은 세월이 흘러도 그 길을 잊을 수 없노라고 했다.

"옷 보따리 하나 가슴에 안고 떠났제. 기차를 타고 반나절을 걷고 허름한 시골집 헛간에서 자고 또 걸었제."

가도 가도 진료소는 보이지 않았다. 밤이 되면 그 남자가 무서웠지만, 한편으로는 그때만큼 자신이 한센병에 걸린 게 고마웠다. 겨울의 추위는 낡은 옷과 신발을 뚫고 할머니의 몸을 사정없이 파고들었다.

할머니는 사흘째 되던 날, 문득 눈 속에 반쯤 묻힌 자신의 발가락이 더 이상 시리지 않다는 걸 알았다.

"내가 발가락이 동상에 걸렸다고 막 울었다. 그놈은 삐죽이 웃더라."

정체를 알 수 없는 불안감과 공포가 밀려왔다. 더 이상 안 가겠다고 말은 했지만, 자신이 있는 곳이 어디인지도 모르는 상황에서 몸은 마음과 달리 그 남자를 따라갔다.

초가지붕이 서로 어깨를 맞댈 정도로 작은 마을에 들어서자, 그중 가장 큰 초가지붕을 가리키며 들어가라고 했다. 의사라고 소개하는 남자를 보는 순간 할머니는 눈이 쌓인 마당에 그대로 털썩 주저앉았다. 의사의 엄지발가락이 꺾어져 발이 몽탕했다.

"속았제. 속은 기라. 그놈은 전국을 돌아다니며 엉터리 약도 팔고, 나처럼 병이 얕은 처자나 없는 집 처자들을 속여서 집단촌에 넘기는 기라."

의사라고 소개받은 사람은 자기는 의사가 아니라고 했다. 일본에서 학교 다니던 중 징집을 받았으며, 군 생활 중 잦은 구타 끝에 한센병을 얻었다고 했다.

"김철수라 카대. 핸섬하대. 친절하고, 예의도 바르고, 마이 배워서 이해심도 깊고……."

허허로운 웃음과 함께 할머니는 말끝을 흐렸다. 고개를 흔들며 오래전의 상황 자체를 부정하고자 했다.

할머니에게는 병을 고쳐 찾아가야 할 사람이 있었다. 납덩이처럼 가슴을 누르는 아이와 하루도 잊은 적이 없는 마쓰시타를 찾아가야 했다. 그러나 현실은 할머니에게 그런 희망조차 허용하지 않았다. 마을 전체가 한센병 환자들이 모여 있는 집단촌이었다. 남자와 여자들은 각각 떨어져 다른 집에서 거처했다.

부부도 마찬가지였다. 한센병을 앓는 사람들은 아이를 낳으면 안 되었다. 그게 정부의 시책이었으며, 그 마을이 존재하기 위해

선 모두가 말없이 지켜야 하는 규칙이었다. 그 마을마저 없어지면 그들은 뿔뿔이 흩어져 또다시 산과 들을 헤매며 살아야 했다. 부부들은 낮에 일할 때만 서로 얼굴을 대하고 안부를 묻고 해가지면 서로 다른 집으로 들어가야 했다. 그곳에서 할머니는 몇 번에 걸쳐 탈출을 시도했다.

그때마다 번번이 잡혀 곤욕을 치렀다. 때로는 독방에 가두어 놓고 며칠씩 굶기기도 했다. 때로는 사는 게 싫어서 스스로 굶기도 했다. 마지막 탈출 시도 후, 갇혀 있는 방으로 김철수라고 자신을 소개한 사람이 찾아왔다.

"혼인하자 카더라. 안 하면 인자 죽는 길밖에 없다고. 사람부터 살리고 보자 하대. 거기서 사람 목숨 하나 사라지는 거는 장난이라."

나라의 법이 통용되지 않는 곳이었다. 그곳에는 그곳의 법이 있었다. 그 법의 테두리를 벗어날 수 없다는 것을 알고 기진맥진한 상태에서 할머니는 혼인했다. 혼인하고 나니 남편은 더 살갑게 대해 주었다. 그럴수록 할머니의 외로움은 깊어 갔다. 병든 사람들과 마주 대하고 있으면 자신이 금방 무너질 것만 같았다. 눈속에서 시린 줄 몰랐던 발가락이 하나씩 없어지고 있었다. 그때마다 할머니는 캄캄한 절망의 나락으로 떨어져 내렸다.

5장

잃어버린 나를 찾다

──마쓰시타를 만나다

요시코가 17세 때 마쓰시타를 만났다. 주말이면 학교가 있는 부산에서 집이 있는 울산으로 갔다. 일제 강점기임에도 울산에서 부산으로 가는 기차 안은 사각모를 쓴 동래중학교(현 동래고등학교 전신) 남학생들이 많았다. 명랑하고 활발한 요시코였지만, 교복을 입은 여학생이 많지 않던 때이기도 하고 남학생들의 모습이 눈이 부시게 보여서 고개를 제대로 들지 못하고 창밖만 바라보고 있었다.

"옆에 앉아 있던 오바상, 일본어로 아주머니를 오바상이라고 불렀거든. 오바상이 나를 툭툭 치대."

옆자리의 아주머니가 눈짓으로 가리키는 곳을 보다가 한 남학생과 눈이 마주쳤다.

"고개를 드니까 나를 보고 있는 기라. 그래 좀 있다 내가 보나 안 보나 한 번 더 보니까 아직까지 보고 있는 기라."

마쓰시타는 읽고 있던 책을 아예 무릎 위에 내려놓고 요시코만 보고 있었다.

할머니의 얼굴에 엷은 미소가 번졌다. 그 순간 64년이라는 시간은 멈추었다. 마치 어제 있었던 일을 친구에게서 듣는 것 같은 가벼운 흥분마저 느껴졌다. 마쓰시타는 할머니의 작은 방 어딘가에 숨어 있다가 튀어나온 것처럼 시간의 강을 건너 할머니 앞에 앉아 있었다. 뭉툭한 손으로 뒤틀린 얼굴을 살짝 가리며 웃는 모습은 17세 소녀, 요시코였다.

부산이 가까워 오자 마쓰시타는 요시코가 앉아 있는 자리를 스쳐 지나가며 메모지를 교복 치마 위로 툭 던졌다. 그녀는 어찌해야 할지 몰라 메모지를 치마 위에 그대로 두었다. 부산에 도착할 때쯤 치마 위에는 메모지가 수북했다. 차마 그것을 버릴 수가 없어서 반찬을 싼 보자기 안으로 밀어 넣고 기차에서 내렸다.

마쓰시타는 요시코를 쫓아와서 반찬 보따리를 뺏다시피 가져가서 들었다. 요시코는 마지막 전차를 타야만 하숙집으로 돌아갈 수 있었다. 빠르게 걷는 그녀 옆에서 마쓰시타도 함께 걸었다.

"대신동 갈라면 어떻게 가느냐 이라데"

할머니의 말꼬리가 살짝 올라갔다.

"마쓰시타는 대신동이 아닌 기라. 그 학교는 대신동하고 반대편에 있는 학교라."

많은 경험들 중에서 우리의 삶을 지탱해 주는 경험은 시간의 질서를 따르지 않는다. 시간은 우리들의 과거를 뒤죽박죽 섞어 놓기도 하고, 낯익은 얼굴들을 기억 속에서 지우기도 하고, 어느 날 낯익은 얼굴이 낯설어 보이게도 한다. 생기를 띠며 소녀 같은 미소를 짓는 할머니의 얼굴은 시간의 강을 건너고 있었다.

—사랑을 맹세하다

마쓰시타는 말이 없는 요시코를 따라 전차를 타고 대신동까지 가서 그녀가 내리자 따라서 내렸다.

"자꾸 묻더라. 이름이 뭐꼬? 주소가 어찌 되노? 어디서 사노? 주말마다 울산 가나? 울산 집은 어데고?"

할머니가 웃었다. 마치 17세 소녀 같은 할머니의 웃음소리는 낮고 조심스러웠지만, 이른 새벽 풀잎 끝을 또르르 구르며 떨어지는 이슬방울 소리를 냈다.

마쓰시타는 자기가 사는 집 주소를 요시코의 손에 쥐어 주면서, 역 앞이니 울산에 오면 꼭 들러주기를 당부하며 돌아갔다. 마쓰시타가 사는 집은 경찰서와 거의 붙어 있었고, 그녀의 집은 경찰서 뒤로 조금만 가면 되는 거리에 있었지만, 애써 피해 다녔다. 마쓰시타가 순사 부장의 아들이었기 때문이다.

방학 때 어머니의 심부름으로 우체국에 가는 길이었다. 기다리고 있었던 것처럼 마쓰시타는 자전거를 타고 쫓아오며 어떻게 알았는지 "요시코 요시코."라며 그녀를 불렀다. 우체국 안에까지 막무가내로 따라 들어와 그녀에게서 눈을 떼지 않았다. 뛰다시피 집으로 오는 내내 요시코의 가슴은 콩당콩당 뛰고 있었고, 마쓰시타는 "여전히 자전거를 타고/ 앞으로 갔다 뒤로 갔다/ 이름을 부르(「첫사랑 이야기 1」)"며 그녀를 따라왔다.

그날 저녁에 잡지 책 안에

편지 한 통이

담으로 던져 마당에 있더라.

주워보니 그 얄미운

마쓰시타더라.

그리고 이것이

일 년 동안 지속되었다.

옛날 속담과 같이

열 번 찍어서

안 넘어 가는 나무 없다더니

이것이 나를 두고 하는 소리더라.

결코 만나자기에

일 년 후에 둘이가 만났더라.

— 「첫사랑 이야기 1」의 부분

둘의 사랑 앞에서 그가 일본인 순사 부장의 아들이라는 사실은 장애가 될 수 없었다. 17세의 요시코와 마쓰시타는 "둘은 손을 꼭 잡고/ 동백섬에 들어가서 동백꽃을 꺾어/ 내 머리에 꽂아주고/ 내 역시 동백꽃을 꺾어서/ 그대의 윗포켓에 꼽아 주며" "변치 말자고/ 손을 굳게 잡고 다짐하며/ 맹세(「첫사랑 이야기 1」)"했다.

그리고 이후 요시코의 삶은 두 손을 꼭 맞잡고 한 맹세에 갇혀 있었다. 자신의 생명을 구하기 위해 결혼을 한 다른 남자가 곁에 있었지만, 그녀의 영혼은 64년 전의 맹세에 묶여 있었다. 할머니는 시 「눈 나리는 날」에서 마쓰시타와 함께 한 시간들을 "팔십 평생을 살아도/ 눈 나리는 이 날이/ 잊혀지지 않고/ 옛 추억이 그립더라.(「눈 나리는 날」)"고 말한다.

사랑에 대한 맹세의 기억이 없었다면, 어쩌면 할머니의 삶은 좀 더 자유롭지 않았을까? '사람 목숨이 먼저이니 일단 살고 보자'고 그녀를 설득했던 청년 김철수와 결혼하여 59년을 함께 살았지만, 요시코의 영혼은 굳은 사랑을 맹세했던 마쓰시타를 떠나지 못하고 있었다. 사별한 남편에 대한 미안함과 죄스러운 마음을 이야기 내내 표현하면서도 마쓰시타라는 이름 앞에서 17세의 소녀가 되는 이유는 무엇일까?

소설 『이 여자, 이숙의』의 주인공인 이숙의 역시 결혼 생활 6개월 만에 월북한 남편을 잊지 못하고 53년 동안 홀로 지낸다. 불같은 사랑을 했지만 남편은 임신한 아내를 남쪽에 두고 월북하였다. 6·25가 발발하자 남하하여 빨치산을 조직하고 남부군으로 활동하다 잡혀 사형되고, 이숙의는 홀로 딸을 낳아 기르며 남편을 그리워했다. 이숙의도 자신의 사랑 이야기를 남기고자 글을 썼지만, 책이 출판되기 전에 생을 마쳤다.

영화 「타이타닉」에서 로즈는 생의 마지막 순간에 잭과 함께했던 기억들을 떠올리며 편안한 미소를 짓는다. 몸을 바다에 담근 채 "넌 꼭 살아야 해. 네가 원하는 삶을 행복하게 살아야 해." 하며 바다 밑으로 가라앉던 잭을 죽는 순간까지 마음에 간직한 채 삶을 이어갔다. 다른 남자를 만나 아내로 어머니로 살면서도 잭을 떠나보내지 못했던 것이다.

요시코, 이숙의 그리고 로즈는 우연히 만나 사랑했고, 그 사랑은 죽음에 이르기까지 이어지고 있다. 죽음도 이길 수 없는 것이 인간의 회상이 아닐까. 살아가면서 문득 문득 떠오르는 사랑의 기억은 그녀들의 삶을 때로는 기쁨으로도, 때로는 슬픔으로도 채우면서 출렁거렸던 것은 아닐까.

__과거의 기억 속에 머무르다

17세에 만나 채 3년이 되지 않는 시간의 기억들이 한 사람의 삶을 64년 동안 지배한다는 현실 앞에서 망각의 힘은 무력했다. 할머니가 마쓰시타의 생사를 알 수 없음에도 불구하고 그와 함께한 기억들이 의식의 흐름을 통해 지속되고 있었기에 현재까지 설레임과 그리움을 간직할 수 있었을 것이다.

할머니와 이숙의, 그리고 로즈에게 공통적인 것은 사랑의 기억이 삶에 의미를 부여했다는 점이다. 요시코와 마쓰시타의 이별은 개인이 저항할 수 없는 역사의 거대한 소용돌이 때문이었다. 한 인간의 힘으로 역사의 흐름에 어떻게 맞설 수 있을까.

할머니가 했던 저항은 부조리한 현실을 부정하고 시간의 흐름을 거부하며 사는 것이었다. 시간의 흐름을 따라서 무사히 삶의 저편에 닿는 것이 아니라 시간의 한가운데에서 추억을 되살림으로써 자신의 삶에 의미를 부여하는 것이었다. 마쓰시타와의 재회가 결코 이루어지지 않을 것임을 알면서도 이루어질 것으로 믿으면서 할머니는 시간의 흐름을 거스르고 있었으리라.

17세의 그녀는 마쓰시타와의 우연한 만남이 자신의 운명을 어떻게 끌고 갈 것인지 알 수 없었다. 1년 동안 이어지는 마쓰시타의 구애를 받아들일 때 역사의 수레바퀴가 어디로 굴러갈 것인지도 알 수 없었다. 온 마음과 몸을 다해 사랑하고 사랑받았으며, 사랑만이 의미를 지니고 있었다.

문학작품이나 영화 등을 통해서 우리는 본다. 사랑은 한 사람의 삶의 축을 가로지르며 척박한 현실을 버틸 수 있게 하는 힘을 지니고 있다는 것을. 교사였던 이숙의는 초등학교만 졸업한 사회주의자를 사랑했지만, 남편이 남긴 딸과 함께 역사와 이념의 장벽을 넘었다. 로즈는 자기를 위한 삶을 사는 것이 잭의 마지막 부탁이었기 때문에 잭을 가슴에 품고 또 다른 삶을 찾았다.

그러나 할머니의 사랑은 그들과 달랐다. 마쓰시타를 다시 만난다 해도 한센병 때문에 그 앞에 나설 수 없는 처지가 되었다. 자신의 손으로 남의 집에 양자로 보낸 아들의 얼굴은 한 살 젖먹이 얼굴 그대로 가슴속에 남아 있을 따름이다. 날마다 조금씩 변해 가는 자신의 얼굴을 보며 할머니는 어떤 심정이었을까. 죽음마저도 자유롭게 선택할 수 없을 때 할머니는 스스로 자신을 가두었던 것이다.

할머니의 추억은 그러나 죽음과 같은 현실의 삶에 때때로 생기를 주었다. 마쓰시타와 함께 했던 해운대 모래사장과 동백섬은 척박한 현실을 견뎌낼 수 있는 회상의 공간이었으며, 눈 내리던 날에 함께 만들었던 눈사람은 잊혀지지 않는 순수의 지점이었다. 현실의 고통을 과거의 기억에 의해 버틸 수 있었던 것, 이것이 할머니의 삶에서 추억이 지닌 가치였다.

— 나를 찾아서 길을 떠나다

할머니가 과거를 기억하는 것은 잃어버린 존재의 의미를 찾고, 그 의미에 가치를 부여하기 위한 것이었다. 부단히 흘러가는 속성을 지닌 자연적인 시간은 추억에 의해서 할머니만의 시간이 되었던 것이다. 할머니가 과거의 기억 속에 머무르는 것은 단순한 현실 부정이 아니라 과거 속에서 자신의 존재 이유를 찾을 수 있었기 때문이다.

현실을 부정하는 그녀만의 심리적 시간은 할머니의 의식이 의지적이든 무의지적이든 한센병이 발병하기 이전의 시간 속에 자신을 두고 싶어 하는 욕구에서 잘 나타난다. 이러한 욕구는 할머니의 사진이 한 장도 없는 데에서도 알 수 있다. 할머니가 보여준 앨범 속에는 젊은 시절의 청년 김철수부터 영정 속에서 웃고 있는 모습까지 모두 사별한 할아버지의 모습만 있었다. 할머니는 자신의 기억 속에서 한센병 발병 이전의 요시코로 남아 있었다.

할머니는 과거의 기억 속에 머물며 삶의 의미를 찾고자 했지만, 오히려 과거에 갇혀 있는 자신의 모습을 보게 된 것은 아닐까? 할머니가 나를 만나고 싶어 했던 이유는 이숙의가 죽음을 앞두고 자신의 삶을 기록하고자 했던 것과 같은 것일지도 모르겠다. 짧았던 사랑의 기억만으로 살아왔지만, 그 기억 속에 자신을 가두고 싶지 않는 것은 자신의 삶의 실존성을 회복하고 싶었기 때문일 것이다.

삶의 온전함을 회복하는 길, 이숙의에게는 자전적 소설이었지만, 할머니에게는 시를 통해 자신의 삶을 이야기하는 것이었다. 시를 쓰고 자신의 시를 읽으며 스스로 치유하고, 치유를 통해 지금까지와는 다른 의미를 찾고 싶었던 것이다. 그러나 현재의 삶에 새로운 의미를 찾는 데에 마쓰시타는 할머니가 건너야 할 또 다른 장애였다.

제2부

핏자죽이
어린
길

6장

사랑, 그 고통의 여정

─ 사랑, 내 안의 타자

요시코가 마쓰시타의 마음을 받아들이기는 쉽지 않았다. 무엇보다 마음에 걸린 것은 그가 일본 순사 부장의 아들이라는 것과 대학 졸업반이라는 사실이었다. 지방의 작은 도시에서는 비밀이란 게 없었다. 어머니의 염려가 깊어지자 요시코는 마쓰시타를 피해 다녔지만, 마쓰시타는 일 년이라는 시간을 변함없이 그녀의 곁에서 맴돌았다.

마쓰시타의 관심이 싫지 않았지만, 그가 본국으로 돌아가면 다시는 만날 수 없다는 불안감이 그녀를 더 움츠러들게 했다. 이런 요시코의 마음은 아랑곳없이 마쓰시타는 틈만 나면 부산으로 왔다. 교문을 나서면 마쓰시타가 기다리고 있는 날이 많아지고, 어느 순간 그녀도 마쓰시타를 기다리게 되었다.

반복되던 일들이 어느 날 중단되면 일상이 낯설게 느껴지듯이 마쓰시타가 보이지 않는 날은 발길을 쉽게 떼지 못하고 교문 앞에서 서성이는 자신을 발견하곤 했다. 그럴 때마다 요시코는 스스로를 다잡았지만, 이상하게 시간이 지날수록 그녀의 마음은 온통 마쓰시타에게로 기울고 있었다.

두 사람은 자주 해운대에 갔다. 전철 안은 언제나 많은 사람들로 붐볐지만, 둘 이외의 다른 사람은 눈에 들어오지 않았다. 넓은 해운대 백사장에는 데이트를 나온 젊은이들이 간간이 눈에 띌 뿐, 그 어느 누구도 두 사람에게 눈길을 주지 않았다. 그 넓은 백사장은 마치 두 사람만을 위해 있는 것처럼 느껴졌다.

사랑의 힘이 외부의 장애는 장막으로 가려주지만, 세상의 잡다한 고통으로부터 벗어나게 하지는 못한다. 요시코와 마쓰시타가 만난 시점은 일제 강점기가 마지막에 다다른 때이다. 일본의 힘은 눈에 띄게 약화되었다 하더라도 자신의 민족을 강제 점령하고 있는 국가의 국민을 사랑한다는 데 따른 심리적인 고통은 피하기 어려웠다. 마쓰시타에 대한 마음이 깊어갈수록 요시코의 고민도 깊어갔다.

"어찌 말로 다 할 수 있겄노. 맨날 마음은 지 멋대로인 기라. 만나고 온 날은 내가 미쳤제 싶다가도 자고 나면 보고 싶은 기라."

자신의 마음을 자기 스스로 조절할 수 없는 날들이 많아지고 미래에 대한 확신이 없는 만남에 불안감도 커져 갔다.

___ 사랑, 고통의 시작

일본 본토에서는 학생들에 대한 징용이 심해졌기 때문에 마쓰시타는 부모의 뜻에 따라 울산에 계속 머물렀다. 마쓰시타가 본국으로 돌아가지 않고 머물고 있었기에 두 사람에 대한 소문은 마을을 돌고 돌았다. 온 마을 사람들이 요시코만 보고 요시코 이야기만 하는 것 같았다. 요시코를 보며 어머니의 한숨은 나날이 늘어 갔다.

자신들의 의지와는 관계없이 벌어지는 전쟁 때문에 현실의 삶은 고단했다. 일본인과 한국인 사이의 적대감정은 상상을 초월하였다. 자신들의 삶 자체가 위협받는 한국인들의 분노와 기득권을 놓지 않으려는 일본인들의 집념은 크고 작은 사건을 만들었고, 그때마다 요시코는 숨조차 제대로 쉴 수가 없었다.

그럴수록 두 사람의 사랑은 단단해져 갔다. 누군가를 사랑하고 누군가로부터 사랑받는다는 의식은 때때로 초월적인 힘을 발휘하여 무모한 용기를 준다. 주변의 염려와 위협적인 시선에도 불구하고 두 사람은 매일 만나서 둘만의 장소를 찾아 헤매었다. 오로지 두 사람만이 존재하는 시간들이 이어졌다.

그리고 어느 날 문득 요시코는 자신의 몸에 이상이 생겼음을 직감했다. 축하받고 자랑스러워해야 할 일이었지만, 드러낼 수 없었다. 우리는 살아가면서 우리 자신의 힘으로 어찌할 수 없는 외부의 힘을 만났을 때 초월적인 의지력으로 헤쳐 나가기도 하지만, 출구가 보이지 않는 경우를 만나기도 한다. 당시의 요시코에게는 문제를 해결할 수 있는 방법이 보이지 않았다.

사랑이 깊어질수록 두 사람의 마음은 고통으로 가득 찼다. 달마다 있던 것이 없자 어머니는 졸도할 지경에 이르고, 요시코는 아침만 되면 집을 나섰다. 신산한 마음을 어찌할 수 없어 뒷산에 가면 언제나 마쓰시타가 있었다. 둘은 점점 말을 잃어 갔고, 마쓰시타는 요시코가 안쓰러워 어찌할 바를 몰랐다.

오늘도 마쓰시타와 둘이서

남 모르는 고통을 안고

조용히 산과 들로 걸어가면

근심걱정에 싸여
눈에는 이슬이 맺혀
단풍잎만 바람에 휘날려도
눈물이 쏟아진다.

마쓰시타, 포켓에서
손수건 꺼내어 내 눈물을 닦아 주며
서로가 위로하고
정을 주며 정을 받고
둘이가 양손 굳게 잡고
우리의 따뜻한 깊은 사랑
변치 말자고 맹세하며 다짐하며
이 세상 끝까지 같이 가리라는
옛 추억이 다시금 떠오르네.

—「첫사랑 이야기 2」의 부분

아무에게도 말할 수 없었기에 60여 년을 가슴에 모아둔 이야기를 시로 읊조리는 동안 병마가 지나간 흔적을 고스란히 지닌 얼굴이 회한으로 일그러졌다. 눈가에 맺히는 눈물이 지난 세월의 고통을 말해 주고 있었다. 잊어야 할 것을 잊지 못하고 기억으로 지닌 채 살아야 하는 사람의 고통을 어떻게 표현할 수 있을까.

어쩌면 지난 60년의 세월 속에서 요시코는 마쓰시타에게 잊혀진 존재일지도 모른다. 그러나 현재의 할머니에게는 요시코가 그대로 살아 있어 그때의 고통은 현재까지 이어지고 있었다. 잊지 못하기에 기억 속에 갇혀 있던 고통이 지금 내 앞에서 한 편의 시로 그 모습을 드러내고 있었다.

── 사랑, 멈춰버린 시간

『이 여자, 이숙의』의 이숙의는 남편 박종근이 빨치산 토벌군에 의해 사망했음을 알았고, 죽은 남편 때문에 간첩 사건에 연루되어 미결수가 되기도 했으며, 경찰서로 불려 다니는 고초를 겪었다. 그럼에도 그녀의 삶은 의연했고, 말없이 그 고통을 삼켰다. 그녀가 의연할 수 있었고 교사로서 충실하게 자신의 삶을 살 수 있었던 것은 남편의 사망을 확인했기에 가능했다고 본다.

이와 달리 할머니가 아는 것은 아무것도 없었다. 마쓰시타가 자신을 잊었는지 아니면 아직 살아 있는지, 현해탄 너머 일본 땅으로 보낼 수밖에 없었던 아들은 어떻게 자랐는지 등 알아야 할 사실들에 대해 아는 게 없었기에 과거의 기억 속에서 나올 수 없었는지도 모른다. 그러나 이제 할머니는 '시'라는 출구를 통해 요시코로부터 벗어나고자 한다.

자신의 삶을 지배했던 과거의 시간에 사로잡혀 있는 게 어떤 것인지를 말해 주는 동화가 있다. 『말하는 나무의자와 두 사람의 이이다』란 책에서 나무의자는 히로시마에 원자폭탄이 떨어지던 날 "곧 돌아올게."라는 말을 남기고 할아버지의 손을 잡고 아침에 집을 나간 어린 이이다를 20년 동안 기다린다. 나무의자는 할아버지가 이이다를 위해 만들어준 이후 언제나 이이다와 함께 했다.

20년이 지난 어느 날, 나무의자는 우연히 오래된 폐허 같은 집을 발견하고 들어간 4살의 유우꼬를 보고 이이다가 외출에서 돌아왔다고 여긴다. 마치 아침에 나갔다가 오후에 돌아온 이이다를 맞이하듯이 나무의자는 유우꼬와 이야기를 나눈다. 어린 유우꼬는 예전의 이이다가 그러했던 것처럼 나무의자에 앉아 이야기를 나누거나 나무의자와 소꿉놀이도 하고 그림도 그리며 논다. 오후가 되면 마당의 분수가 있는 연못가에 둘이 앉아 시간을 보내기도 하면서.

어느 날부터 유우꼬는 마치 자기가 이이다인 것처럼 말하고 행동한다. 이러한 유우꼬를 염려한 오빠 나오끼는 나무의자에게 유우꼬는 이이다가 아니라고 말하지만, 나무의자는 나오끼에게 강한 거부감을 드러내며 유우꼬를 깊이 감추려고 한다. 유우꼬를 위해 나오끼는 20년 전의 이이다를 찾다가 리쯔꼬를 만난다. 진짜 이이다가 분명한 리쯔꼬는 그러나 이이다란 어린 소녀에 대한 기억이 없다.

나오끼에 의해 유우꼬가 자신이 기다리던 이이다가 아니라는 사실을 알게 된 순간 의자는 부서지고 만다. 의자에 대한 아픈 기억을 안고 할머니의 집을 떠나온 어느 날, 나오끼와 유우꼬는 리쯔꼬로부터 편지를 받는다. 리쯔꼬는 자기가 이이다였으며, 원폭에 의해 할아버지를 잃고 그 충격으로 기억을 상실한 상태에서 양부모에게 발견되어 리쯔꼬로 살고 있었으나 이제는 기억이 돌아왔노라고 했다.

리쯔꼬는 부서진 의자를 들고 와 할아버지가 만들어 주었던 그 의자로 다시 만들어 자신의 침대 옆에 놓아두고 "내가 이이다야. 알겠니? 너에게 조그만 엉덩이를 얹고 앉았던 이이다란 말이야."라고 매일 말을 건네고 있지만 의자는 침묵만 지킨다고 편지로 알려 왔다. 아침에 나간 이이다가 곧 돌아올 것이라는 믿음 때문에 나무의자는 20년이라는 시간의 흐름을 인정할 수 없는 것이다.

___기억 속으로 홀로 묻혀버린 그 이름, 이숙자

　기억은 자기 자신에 대한 앎의 한 방법일지도 모른다. '내가 무엇을 기억하는가'는 '내가 어떤 일을 경험했는가'와 깊은 연관을 지니고 있기 때문이다. 할머니의 기억 속에 존재하는 요시코는 마쓰시타와 연관될 때 자신의 실존에 대한 문제를 지닌다. 할머니의 80여 년의 생애 중에서 요시코의 기억을 제외한다면, 남는 것은 한센병을 앓는 이숙자라는 여인뿐이다.

　이숙자, 할머니의 또 다른 이름이다. 무슨 내용인지 알 수 없으니 봐 달라고 부탁하신 공과금 고지서에 찍힌 이름이다.

　"이숙자라고 되어 있어요."
　"그기, 그기 그란께 해방되고 고칠 때 제대로 안 고쳐서……."

　그날 이후 할머니는 한 번도 이숙자라는 이름을 말하지 않았다. 그 이름에는 마쓰시타를 처음 만났던 시간이 들어 있기 때문에 영원히 기억 속에만 간직하고 싶었을까? 아니면 한센병 이전의 할머니의 고운 모습이 남아 있기 때문일까?

　아이가 태어나면 가장 먼저 고민하는 것이 이름 짓는 일이다. 이름을 단순히 한 사람을 호명하는 도구로만 생각하는 것이 아니라 그 사람의 생애와 연관 지어 생각한다. 작명소가 있으며, 아이의 이름을 지을 때 학식이 있는 사람을 찾거나 돈을 들이는 데는 호명 이외의 그 무엇인가가 있기 때문이다.

이름은 존재를 의미한다. 내가 누군가를 부를 때에는 이름을 부르는 것이 아니라 그 사람 자체를 부르는 것이기 때문이다. 그래서 우리는 본능적으로 이름을 쉽게 알려주지 않거나 타인의 이름을 알려고 하지 않는다. 간혹 유명인들의 이름을 알더라도 그 사람 자체는 모르는 경우가 많다. 이때의 이름은 한 사람의 존재 자체를 의미하지 않고 상징적 호명의 도구일 뿐이다.

마쓰시타는 할머니를 '숙자'가 아닌 '요시코'로 불렀다. 마쓰시타가 알고 사랑했던 소녀는 요시코였지 숙자가 아니었다. 할머니가 감추고자 하는 '이숙자'라는 이름에는 여러 가지 경험이 내포되어 있는 것이다. 유복했던 어린 시절, 울산에서 부산으로 다녔던 고녀 시절, 마쓰시타와의 첫 만남 등 할머니의 생애에서 다시는 돌아올 수 없는 시간들이 이숙자라는 이름 속에 들어 있는 것이다.

'이숙자'라는 이름을 거부하는 이유는 무엇일까? 자신이 한센병에 걸리기 전의 모습들이 고스란히 담겨 있는 그 이름을 거부하고 요시코라고 스스로 부를 때 밝아지는 얼굴은 무엇을 의미하는 걸까? 채 2년이 되지 않는 사랑의 기억이 나머지 자신의 생애와 견주어서 결코 가볍지 않다는 뜻일까. 그리고 나에게 말한 '이 말란'이라는 또 다른 이름은 무엇을 말하고 있는 것일까.

7장

기억 속의 이름

──유년의 이름, 그 따뜻함

내가 배우처럼 세상을 살 수 있다면 이 세상을 놀이터로 여기
고 즐길 수 있겠지만, 현실은 그렇지 못하다. 이때 이름은 묘한 힘
을 지닌다. 우리는 전통적으로 이름에 쓰이는 문자의 뜻에 의해
삶의 방향이 결정되기도 하고, 내가 나아가고자 하는 지향에 의
해 이름이 새로 만들어지기도 한다는 믿음을 은연중에 가지고 있
다. 더러는 이름을 바꾸면 미래가 변할 수 있다고 믿기도 한다.

내가 어릴 적에 내가 알고 있는 모든 사람들은 나를 "리야"라
고 불렀다. 정말 나는 내 이름이 '리야'라고 믿었으므로 초등학교

1학년 입학식을 마치고 교실에서 선생님께서 "김성리"를 부를 때 대답하지 않았다. 나는 꿋꿋하게 내 이름이 호명되기를 기다렸다. 출석부가 접히고 '탁' 소리를 내며 교탁 위에 내려지는 순간, 놀랍게도 한 남자 아이가 손을 번쩍 들고 큰 소리로 말했다.

"리야 이름 안 불렀는데예."

바닷가 작은 마을에서 특이한 병치레와 아버지의 사회적 지위로 인하여 나는 꽤 알려진 아이였기 때문에 처음 만난 선생님과 많은 아이들은 남자 아이의 말이 떨어지자마자 거의 동시에 나를 바라보았다. 전혀 예상하지 못했던 사태에 나는 당황했고, 내가 호명되지 않았다는 사실에 눈물이 나올 것 같았다.

키가 크고 마른 몸집을 하셨던 선생님께서는 천천히 나에게로 와서 "네 이름은 김성리다. 잘 기억해라." 하시며 머리를 만져 주었다. 집으로 오는 내내 아이들은 비실비실 웃었고, 용감했던 그 남자 아이는 신기한 듯 나를 쳐다보았다. 내 머릿속은 뒤죽박죽 헝클어져 있었고, 대문 앞에서 할머니가 "리야"라고 부르는 소리에 대답을 해야 할지 말아야 할지 망설이게 되었다.

그날 오후에 아버지의 직장 때문에 거제도 내의 다른 지역에 계시던 아버지와 어머니가 동생을 데리고 오셨다. 나는 심각하게 학교에서 있었던 일을 이야기했지만, 모든 가족들은 큰 소리로 웃기만 하고 그 어떤 설명도 하지 않았다. 그 순간만은 그 자리에 내가 없는 것 같은 착각에 내 머릿속은 더 어지러웠다.

어둑해지는 데도 불구하고 나는 뒷마당 구석에 쪼그리고 앉아 있었다. 슬프고 외롭고 뭔가 분하고 억울했다. 아버지가 내 앞에 앉아 막대기를 집어 흙 위에 글자 세 개를 적어서 내게 보여 주셨다. 그리고 큰 소리로 글자를 하나하나 짚어 가며 읽었다. "김, 성, 리, 네 이름이다. 리야는 우리가 너를 이뻐해서 부르는 이름이고."

그날 이후 지금까지 "리야"라는 이름은 나에게 언제나 따뜻하고 다정한 기억이 되었다. 나를 "리야"라고 부르는 사람들은 모두 나의 어린 시절을 알고 있다. 내가 어디에서 태어났으며 무엇을 좋아하고 무엇을 싫어하는지, 어릴 적 나의 성격이 어떠했으며 어떤 병을 앓았는지 안다. 심지어 내가 한글을 언제 읽고 쓰게 되었는지까지 안다. '리야'라는 이름 속에는 내 유년의 시간들이 들어 있는 것이다.

─ 놓아버릴 수 없는 유년의 기억

'이숙자'라는 이름에는 할머니의 유년이 들어 있다. 할머니에게는 언니가 두 명, 오빠가 한 명 있었다. 오빠와 언니들은 할머니가 중학교를 졸업하기 전에 이미 타지에서 학교에 다니거나 직장에 다니고 있었다. 많은 시간이 흘렀음에도 고향에 남겨졌던 여동생을 수소문하여 연락이 닿았음을 볼 때, 할머니는 부모형제의 사랑을 받은 막내였음을 짐작할 수 있다.

오빠와 언니들은 일본에서 살고 있었다. 해방이 되고 일본에서의 터전을 미처 정리하지 못해 귀국을 미루는 사이 국교는 단절되어 어린 동생의 행방을 알 수 없었다. 할머니는 현실적으로 형제를 찾을 수 없었기 때문에 잊다시피 살았지만, 오빠와 언니들은 막내를 포기하지 않고 할머니를 찾았다.

"오빠는 안 만날라쿠데. 언니가…… 둘이 나한테 편지가 왔데……."

"오빠가 실망이 컸다 아이가. 언니도 실망하고……."

"실망 안 하겠나. 실망했제. 마이 실망했제."

어느 정도 시간이 지나자 오빠는 병든 여동생에게 실질적인 도움을 주기 시작했다. 때로는 끼니 잇기가 힘에 겨운 생활이었기에 오빠가 정기적으로 보내 주는 돈은 유용했다. 언니들은 간헐적인 도움을 주는 대신 잦은 전화로 동생의 안부를 챙겼다. 오빠는 세상을 하직하는 순간까지 여동생을 내버려둔 세월과 고향 사람들과 세상을 용서하지 않았다.

"몇 해 전에 올케라는 사람이 왔다갔다. 오빠가 죽었다 카더라. 일본 여자데. 오빠가 너무 마음 아파했다고……. 보고 싶어 했다고……."

"그래서 자기가 왔다고 하더라. 올케가 오빠 대신 나 보고 가서 말해 주겠다고. 흐응……. 내가 어찌 살고 있는지, 내가 어떤 모습인지 말해 주몬 죽은 오빠가 아나?"

많은 사람들이 죽어갔다. 마치 고요한 마당을 스쳐 지나가는 바람처럼 주위의 사람이 죽어서 가마니에 둘둘 싸여 갈 때도 할머니는 슬픔을 느끼지 않았다. 아니 느낄 수 없었다. 살아 있다는 것 자체가 죽음과 크게 다르지 않았기 때문이다. 그러나 오빠의 죽음은 다르게 다가왔다. 자기의 유년의 한 켠에 구멍이 뚫리고 있었던 것이다.

예쁘고 어리게만 여겼던 막내 여동생의 고단한 삶은 뒤늦게 오빠의 한이 되었고, 그런 오빠에게서 할머니는 보이지 않는 사랑을 느꼈다. 끝까지 여동생을 만나지 않은 것은 오빠의 가슴 아픈 배려가 아니었을까. 매달 오던 돈은 오빠 사후에도 한동안 보내져 왔다. 올케의 말에 의하면 오빠의 부탁이 있었다고 한다.

"인자 돈이 안 온다. 올케도 죽었는지 아니면 어디 요양원에서 쓸쓸하게 있는지. 지 살아 있는 동안에는 돈 보낸다고 하데. 오빠가 죽기 전에 신신당부하고 부탁했다 카데."

어린 시절의 기억은 그 자체가 에너지가 되어 현재까지 지속된다. 지금이라는 시점에서 어린 시절을 되돌아보면, 유년기의 행·불행을 떠나 언제나 부모님의 사랑과 형제들과 함께 했던 시간이 기억 속에서 되살아나기 때문이다. 내가 '리야'라는 이름만으로도 외롭지 않듯이 '숙자'라는 이름에는 이제는 할머니만이 알 수 있는 관심의 시간들이 살아 있는 것이다.

___내려놓을 수 없기에 고통이 되어버린 과거의 이름

숙자는 중학교를 졸업하고 일 년 동안 집에서 놀았다. 조신하게 살림살이를 배우고 친구들과 어울려 수다를 나누는 생활에 싫증이 나면서 학교에 다니고 싶었다. 마침 집안에 서울에 가서 학교를 다니는 사람이 있었기 때문에 여고에 진학하고 싶은 생각은 더 간절했다. 일찍 객지에 나가 자기 앞가림을 하는 오빠와 언니들의 영향도 무시할 수는 없었다.

"집안이 좀 괜찮았다. 그래도 울산에는 학교가 없는 기라."

집안 살림살이가 괜찮은 덕에 숙자의 여고 진학은 쉽게 결정이 났고, 숙자는 시험을 쳐서 부산고녀에 진학했다. 부산에 하숙집을 정해 놓고 토요일이 되면 울산 집에서 지내다 일요일에 다시 부산으로 돌아오는 일상이 반복되었지만, 숙자의 자긍심은 나날이 높아갔다. 일제 강점기에 여고를 다니는 여성이 많지 않았기에 교복을 입고 기차를 타면 한복을 입은 또래 여성들의 부러운 마음을 단번에 알 수 있었다.

많은 시간이 흐른 후 숙자는 할머니의 기억 속에 교복 입은 여고생의 이미지로 남아 있다. 1940년대의 여고생, 단발머리를 하고 책가방을 든 얌전한 여고생의 이미지는 어쩌면 할머니의 영혼에 남아 있는 또 다른 상처일지 모른다. 할머니는 '단발머리'를 여러 차례에 걸쳐 강조했다.

"그때는 전부 단발이라. 단발머리 하고 있으모 고녀생인기라."

"하모. 단발머리 하고 교복 입고 기차 타 봐라."

한때는 단발머리가 억압과 획일화된 교육의 실체로 지목되어 지탄을 받은 적이 있다. 그런 현실적인 시간 속에서도 할머니 기억 속의 단발머리는 꿈 많던 고녀생인 숙자와 동일시 되어 있는 것이다. 그러나 그 숙자는 이제는 절대로 되돌아 갈 수 없는 기억 너머의 지층 깊숙한 곳에 홀로 남겨져 있다.

숙자로부터 60년도 더 되는 시간이 흘러갔고 많은 사건들이 지나갔다. 한 소녀의 곁으로 셀 수 없는 바람과 흙이 마치 먼지처럼 날아갔다. 얼마나 많은 꽃들이 피고 지고 또 피었으며, 이름을 알 수 없는 풀들도 태어나고 죽기를 수없이 반복했던가. 소녀가 여인이 되고 할머니가 되는 그러한 시간 동안 숙자는 할머니의 무의식 깊숙한 곳에서 숨죽이며 살고 있었던 것이다.

의식적으로 회피하고 부정하는 것은, 그것을 알고 있다는 증거가 된다. 할머니가 숙자를 기억 속에 묻어 놓고 드러내기를 꺼려하는 것은 유년의 기억이 현재는 고통으로 재현되기 때문이다. 숙자가 꾸었던 그 많던 꿈들은 자기 의지와 관계없이 소멸되었고, 숙자는 바로 할머니의 유년기와 동일시되기 때문이다. 숙자는 할머니의 기억 속 타자였던 것이다.

저 푸른 하늘 밑에는

내 고향 내 살던 집이 있겠지.

집 옆에서는 올해에도 살구나무에

활짝 핀 살구꽃이 피었겠지

마당 뒤에 있는 감나무에서

감꽃이 떨어지면

바가지로 주워담아

실로 꿰어서 목에 걸던

그 어린 시절이 그립구나

—「고향」의 부분

　숙자가 살던 집에는 큰 감나무가 있었다. 숙자는 하얀 감꽃을 주워 실에 꿰어 목걸이로 만들어 목에 걸었다. 어릴 적 우리 집 뒷마당에도 감나무가 있었다. 나무가 크지 않아 감꽃이 많이 열리지 않아서 나는 이웃집 마당에 떨어져 있는 하얀 감꽃을 주워 목걸이로 만들었다. 감꽃은 금방 시들었지만, 그 향기는 오랫동안 코끝에 남아 있었다.

　그러나 할머니가 병든 몸으로 "고향을 떠나 타향살이에 돌고 도니/ 부평 같은 신세가 되어/ 어언간 60여 년이 되었구나./ 세월

은 빨라 유수와 같으니/ 내 청춘은 흘러흘러/ 머리에는 벌써 백
발이 휘날리(「고향」)"고 있다. 병은 숙자와 할머니의 연결 고리를
끊어 버렸고, 숙자는 기억 속에 묻히게 된 것이다.

__과거를 말해 주는 흔적, '숙자'

숙자라는 이름을 부르지는 않았으나 할머니는 숙자로 살았던
시절에 대한 이야기를 시로 대신 풀어 나갔다.

　　삽짝거리로 나와서

　　돌다리를 건너

　　사랑하는 모교에 가고 싶구나

　　칠계단을 올라가면

　　우편에는 벚꽃나무와

　　좌편에도 벚꽃나무가

　　엉겨 붙어서 봄이 되면

　　벚꽃이 장관이더라.

　　(……)

친구들과 사진 찍던

그 추억이 떠오르며

선생님과 기념촬영도 했건만

모교가 잊혀지지 않고

사무치도록, 꿈속에서도 그리워지네.

언제나 가보리

언제나 보고 싶어

먼 산만 바라보네.

─「고향」의 부분

    할머니의 기억 속에서 숙자는 결코 지워진 존재가 아니었던 것이다. 언제나 그리웠고 언제나 돌아가고 싶었지만, '내가 숙자'라고 말할 수 없는 현실 앞에서 '먼 산만 바라보'듯이 그렇게 숙자를 가슴 깊이 묻었던 것이다. 한 사람에게는 지금만 있는 것이 아니라 과거와 그 과거의 과거가 함께 있지만, 누군가는 살아가기 위해 자신의 과거를 기억 깊숙이 묻어버리기도 한다.

8장

혼란의 시간 속에서

─보이지 않는 벽을 느끼다

무엇인가를 기억한다는 것은 인식함을 의미한다. 현실의 시간
은 순차적으로 지나가지만, 과거의 시간은 오히려 거꾸로 돌아온
다. 되돌아온 과거의 시간과 기억은 현재의 나를 성찰하게 하고,
그 성찰 속에서 '내가 누구인지'를 깨닫게 된다. 그래서 행복했던
시간과 기억이 현재의 나에게 슬픔을 주더라도 비극이라고 말할
수는 없다.

할머니는 자신이 결코 과거를 떠날 수 없다는 것을 알고 있었
다. 과거를 회피하거나 부정하려고도 하지 않았다. 할머니를 정기

적으로 만나고 어느 정도의 시간이 지나자 할머니의 이러한 태도는 나에게 혼란을 주었다. 너무나 담담하게 전하는 과거의 이야기들에 어느 순간 의혹을 가지게 된 것이다.

엄청난 고통의 시간을 지나왔고, 현재도 산다는 것 자체가 고통인 사람이 자신의 과거를 진실 되게 말할 수 있을까? 어쩌면 요시코와 마쓰시타와의 이야기도 사춘기 때의 상상이나 드라마를 보면서 지어낸 것은 아닐까? 그렇지 않다면 왜 숙자와 관련된 이야기는 하지 않는 걸까? 의문은 꼬리를 물고 이어졌다.

차마 내색하지 못하고 갈등의 시간을 보내고 있을 때, 할머니로부터 처음으로 전화가 걸려 왔다.

"김 선생이가? 나가 마이 아푸다. 이번 주는 오지 마래이."

전화선을 통해 힘없는 할머니의 소리가 들려 왔다. 뭐라도 물어볼 틈도 없이 전화는 끊겼다. 나는 급하게 할머니 집을 찾아 갔다. 마을은 여전히 고요했고, 이제 낯이 익었는지 동네 개들은 짖는 대신 꼬리를 흔들었다.

마을 가장 안쪽, 마을 입구에서 보면 지붕조차 보이지 않을 정도로 낮게 자리 잡은 할머니의 집은 마을보다 더 고요했다. 대문도 없는 할머니의 집 마당에 들어서자 일찍 핀 코스모스 두 송이가 눈에 띄었다. 주인이 없는 방은 외롭고 쓸쓸해 보였다. 잘 정리된 방을 생경하게 보다가 길을 사이에 두고 있는 앞집 아주머니에게 갔다.

"큰일 날 뻔했제. 어데로 간다고 혼자 휠체어를 탔을꼬. 중심을 못 잡아서 휠체어하고 같이 요 밑으로 굴렀다 아이가. 이장이 병원 차 불러서 싣고 갔다. 그래도 김 선생 헛걸음 한다고 전화하대. 참 두 사람 얄궂다."

가슴이 철렁 내려앉았다. 온몸에 힘이 빠져서 겨우 걸음을 떼어 할머니 방 앞에 있는 작은 툇마루에 앉으니, 눈물이 핑 돌았다.

— 어둠이 내려앉는 마당에서

천천히 걸어도 마을 한 바퀴를 도는 데 30분이 걸리지 않는다. 그 마을 내에서 이동할 때에도 할머니는 전동 휠체어를 타야 한다. 할머니의 뭉툭한 발로는 중심을 잡고 걸을 수 없다. 할머니의 발은 언제나 붕대가 감겨 있었다. 방 안에서도 할머니는 서지 않는다. 엉덩이로 움직인다.

마을 입구에 있는 교회에 갈 때나, 병원에 갈 때를 제외하면 거의 방 안에서 생활한다. 교회에 갈 때에도 전동 휠체어를 타야 한다. 그래도 교회 안으로 들어서면 잠시라도 서서 움직여야 할 텐데 그때 미끄러지면 어쩌나 싶어서 발바닥에 미끄럼 방지 돌기가 있는 꽃무늬 양말을 몇 켤레 사 드린 적이 있다.

내 손으로 신겨 드리고 싶었지만, 할머니는 한사코 싫다고 했다. 방바닥 한쪽에 그때 사 드렸던 양말 중의 하나가 놓여 있었다. 새 양말을 신고 어디로 가려고 했던 것일까? 지난번에 왔을 때, "조금씩 운동을 하는 게 어떨까요?" 했던 내 말이 너무 방정맞았던 것일까? 그 손으로 양말을 제대로 신기나 했을까? 줄줄 흐르는 눈물을 닦을 생각도 없이 나는 그저 그렇게 마루 끝에 앉아 있었다.

마당은 어둑해지고, 나는 조금씩 밀려오는 알 수 없는 불안에 휩싸였다. 네 살 때였던가. 어머니를 따라 시장에 다녀오던 길이었다. 어머니는 골목 입구에 있던 어떤 집에 들어가서 한참 이야기를 나누고 있었다. 나는 그 사이 호기심으로 골목 안으로 들어갔다. 한 번도 가보지 않았던 골목길은 신기했다.

그때 어느 집에서 개가 짖었고, 나는 겁에 질려 소리 지르며 뛰다가 엎어졌다. 금방이라도 큰 개가 나를 덮칠 것 같은 공포에 숨도 제대로 쉴 수가 없었다. 그때 한 아이가 뛰어와서 돌멩이를 던져 개를 쫓아내고 나를 일으켜 주었다. 그리고 자기 집으로 데리고 가서 무릎에 난 피를 닦아 주고 있을 때, 그 애의 어머니가 부엌에서 나오더니 나를 알아보았다.

그 애는 내 손을 꼭 잡고 꼬불꼬불한 골목길을 돌아서 우리 집 앞까지 나를 데려다 주었다. 집에서는 이미 난리가 나 있었고, 대문 앞에 퍼질러 앉아 있던 할머니 손에 끌려 그 애는 우리 집으로 들어왔다. 아버지는 양 손에 두 꼬마 아이의 손을 하나씩 잡고 그 집에 가서 고마움을 전했고, 그 애와 나는 친구가 되었다.

같은 나이였지만, 그 애는 나에게 언제나 든든한 보호막이었다. 그 애와 함께 있으면 두렵지 않았다. 초등학교 4학년 때 내가 전학을 가기 전까지 우리는 매일 아침에 만나서 저녁에 헤어졌다. 그리고 정확히 14년 후, 남포동 골목길에서 "리야"를 큰 소리로 반복해서 부르고 있는 그 애를 만났다.

나를 부둥켜안고 팔짝거리는 그 애와 달리 나는 뭔가 어색했다. 그날, 그 옛날처럼 그 애의 손에 이끌려 그 애의 집으로 갔을 때, 온 식구가 반갑게 맞아 주었다. 저녁을 먹고 우리 둘이 만났을 때의 이야기가 꽃을 피웠지만, 정작 나는 즐겁지도 않았고 유쾌하지도 않았다. 반가운 마음은 이유를 알 수 없는 조바심 뒤에 멀찍이 서 있었다.

다만, 부끄러웠다. 같은 나이의 친구에게 보호를 받아야 했던 나약하기만 한 유년의 그 기억이 부끄러웠다. 바보같이 다 아는 동네의 길도 모르고, 나보다 훨씬 작은 개에게 놀라 겁쟁이처럼 엎어져서 일어나지도 못한 채 울기만 했던 내 유년의 시간을 누군가가 아직도 기억하고 있다는 사실이 당혹스러웠고, 현재의 내 모습을 신기해하는 그분들이 좋게 다가오지 않았다.

할머니의 마당에 내려앉는 어둠을 보면서, 왜 할머니가 숙자와 연관된 기억을 말하려 하지 않는지, 요시코에만 머물러 있으려 하는지 알 것 같았다. 누구에게나 감추고 싶은 기억이 있다. 내가 어린 시절의 단짝과 함께 했던 시간이 부끄러워 감추고 싶듯이 할머니에게는 숙자가 감추고 싶은 기억인 것이다.

마주 보고 앉아서 함께 숙자의 시간으로 돌아가기에는 할머니와 나 사이에 건널 수 없는 기억의 강이 흐르고 있었다. 할머니와 내가 나란히 앉아 함께 바라볼 수 없는 강이 있다는 것을 나는 미처 알지 못했던 것이다. 요시코와 마쓰시타의 이야기만이 할머니와 나 사이를 이어주는 징검다리인 게다.

── 할머니를 다시 보다

할머니가 처음 구술한 시가 생각났다.

고요한 이 밤
풀에 벌레들
아름다운 멜로디로
내 심장을 울리네.

아
현해탄의 사랑이여
옛 추억의 첫사랑
──내 전부를 바친 임이여
그리워 그리워서
하염없는 눈물에
내 옷깃이 젖었네.

소리쳐 통곡할 때
초승달도 울고 있네.

이 밤도 뒹구르며
몸부림칠 때
눈물이 강이 되어
잠을 이루지 못하네.　　　　　　　　　─「여름밤」의 전문 마쓰시타는 할머니의 "전부를 바친 임"이다. 평생을 홀로 그리워하던 사람이고, 그 그리움 때문에 죄스러움을 떨칠 수 없었다. 고요한 밤이 되면 풀벌레 소리에도 생각나고, 초승달만 보아도 보고 싶어서 눈물 흐르게 하는 사람이 마쓰시타이다. 그에 대한 그리움은 마쓰시타를 만난 17세부터 80세를 넘기는 현재까지 할머니의 영혼을 기억 속에 가두고 있는 것이다.

지금도 "잠을 이루지 못하고 몸부림 치"는 시간을 보내고 있는 할머니에게 왜 "숙자는 말하지 않는가"라는 의문은 아무런 의미가 없다. 할머니는 자신이 살고 있는 공간 곳곳에서 기쁨보다 슬픔을 먼저 느끼며 살고 있다. 나는 할머니의 슬픔을 나의 관점에서 보고자 했던 것이다.

다시 할머니의 방문을 열어 보았다. 여러 번 본 방인데도 다르게 느껴졌다. 낡고 오래된 가구가 지키고 있는 방은 정갈했다. 새삼스럽게 할머니가 자기 주변을 매우 깔끔하게 정리하고 있다는 사실을 깨달았다. 부엌에도 들어가 보았다. 역시 깔끔하고, 허투루 놓인 그릇 하나 없었다. 보일러실 겸 세탁실도 마찬가지였다. 마치 사용하는 사람 없이 오랫동안 그렇게 있었던 것처럼.

하다못해 벗어 던져 놓은 옷가지 하나 보이지 않았다. 내가 사드린 양말만 한 구석에 없는 듯이 있을 뿐이었다. 그러고 보니 할머니는 옷차림도 유난히 정갈했다. 여름에도 그 작은 방에서는 시골 방에서 흔히 나는 냄새조차 없었다. 그것들이 할머니가 품위를 지키고 자존심을 잃지 않는 방법이었던 것이다.

—나의 어리석음이여!

지금까지 할머니는 자신의 감정을 직접적으로 드러내지 않았으나, 나는 텅 빈 공간에서 할머니가 자신의 삶을 정리하고 있다는 것을 감지했다. 할머니가 다쳤다는 말에 예상하지 못했던 나의 반응들, 온몸으로 느꼈던 허탈함과 정신적인 공허감은 지금껏 내가 깨닫지 못하고 있었던 할머니와의 이별 예감을 몸으로 느낀 것이다.

할머니는 이제 자신의 시간이 다 되었음을 알고, 이별의 시간을 위하여 주변을 정리하는 것일 게다. 풀벌레의 울음을 아름다운 멜로디라고 말하면서도, 그 아름다운 멜로디에서 심장을 울리는 슬픔을 느끼는 할머니의 마음을 이제야 알 것 같았다. 마쓰시타가 옛 '추억의 첫사랑'임을 알면서 시를 통해 현재의 시간 속에 나타내는 것도 정리의 하나일 것이다.

인간은 과거 시간 속의 자신과 현재의 자기를 비교할 수 있다. 숙자와 현재의 할머니를 비교할 때 숙자는 행복과 슬픔의 경계선에 있는 인물이다. 한센병이 찾아온 이후 어머니와 잠시 함께 했던 시간 외의 그 많은 시간 동안 할머니는 홀로 현실을 버텨냈다. 남편이 옆에 있었지만, 내밀한 속내를 털어놓을 수 없었기 때문에 할머니의 정신은 언제나 갇혀 있었다.

천형이라는 표현 외에는 달리 설명할 수 없는 병을 평생 몸에 지니고 있으면서 몸과 마음의 상처를 혼자 다스려야 하는 삶은 고통의 연속이라고밖에 할 수 없다. 할머니의 세상 바깥에서 오빠와 언니들이 애타게 찾았던 동생은 숙자였다. 현재의 할머니는 아니었던 것이다. 회상만으로도 따뜻하고 포근해야 할 기억이 현실과 연결되지 못할 때 그 기억은 슬픔이 된다.

내가 어린 시절 친구와의 기억을 누구와 공유하고 싶지 않듯이 할머니에게는 숙자가 공유하고 싶지 않은 기억인 것이다. 그렇다면 나도 숙자에 대한 호기심을 내 마음 속에서 지워야 하지 않을까. 숙자를 의식하지 않아야 할머니의 마음에 좀 더 가까이 다가갈 수 있지 않을까. 그래야 할머니도 삶의 짐을 조금은 가볍게 내 앞에 내려놓을 수 있을 것 같다.

9장

부를 수 없었던 내 아들의 이름

＿어머니가 되다

가을이 지나갈 때쯤 할머니는 퇴원했다. 기력은 눈에 띄게 약해졌고, 갈비뼈의 통증이 남아 있어 숨을 얕게 쉬고 있었다. 한 달 가까이 병원에 있는 동안 울산에 살고 있는 큰딸은 애만 태울 뿐 자주 오지 못했다. 김해 근교에 있는 작은딸과 사위는 수시로 할머니를 찾아 돌봐 주었다. 할머니는 아들 한 명과 딸 둘을 두었다. 그중 작은딸은 큰딸을 큰댁으로 떠나보내고 허허로움에 젖어 있을 때 지금 살고 있는 마을로 온 작은 여자 아이를 입양한 인연이다.

19세의 할머니는 아들을 낳았다. 먹을 것이 제대로 없어 젖배도 많이 곯았지만, 아이는 잘 자랐다. 아들이 생후 6개월에 접어들 무렵부터 젊은 어머니는 입양을 결심했다. 아이를 낳은 후부터 젊고 병든 어머니의 몸은 변화가 빨라지고 있었고, 두 모자를 따뜻하게 바라보는 눈길은 그 어디에도 없었기 때문이다.

　칼바람이 부는 겨울은 쉬이 떠나지 않았다. 어머니가 나가서 동냥하듯이 얻어 오는 식량으로는 아이의 밥물을 만들기 쉽지 않았다. 젖은 점점 말라가고 아이는 언제나 춥고 배가 고파 찡얼거렸다. 절대로 올 것 같지 않던 봄이 왔다. 그러나 이제는 모르는 사람도 어쩌다 마주치면 다시 돌아볼 정도로 병은 몸속 깊이 파고들었다.

　"그 집은 경주에 있었다. 보기에도 잘 사는 것 같더라. 아들인가 아인가 먼저 보더니, 아들이라고 그리 좋아하대. 아이 옷부터 먼저 갈아입히고 안고 좋아하더라. 나는 그냥, 그냥 보고만 있다가 돌아왔다. 그 집에서 사람이 뒤따라와서 돈을 쬐끔 주더라. 안 받았다. 받으모 안 되제. 와 그리 눈물이 나더노. 길이 안 보이더라."

　젖을 채 떼지 못한 아이를 울산에 있는 먼 친척의 소개로 모르는 집에 주고 올 때 귓가에는 아이의 울음소리가 끊이질 않았다. 지나가는 바람 소리도 아이가 엄마를 찾아 우는 소리로 들렸다. 아무 생각도 나지 않았고 어떤 일도 할 수 없었다. 배고픔도 느껴지지 않았고 밤이 지나고 아침이 올 때까지 잠들지 못하는 날들이 이어졌다.

"살아 있는 기 사는 기 아이다. 그냥 지옥인 기라. 우리 어무이도 나보고 안 묵는다고 뭐라 하면서도 아무것도 못 묵는 기라."

일주일 만에 아이를 다시 찾아왔다. 그들은 젖 대신 쌀을 갈아 밥물을 만들어 먹였다. 아이는 그동안 몰라보게 살이 올라 있었고, 입고 있는 옷도 깔끔하고 좋아보였지만, 그 아이를 떼어놓고 살 수는 없었다. 반쯤 넋이 나간 채 아이를 찾아온 젊은 어미의 몰골을 본 사람들은 말없이 아이를 등에 업혀 주었다. 앞으로 어떻게 살아갈 것인지, 무엇을 먹고 살 것인지는 중요하지 않았다. 아이의 체온을 느끼는 것만으로도 숨을 쉴 수 있었다.

간혹 몰래 들러 안부를 묻던 사람들은 아이의 울음소리가 들리자 다시 입양을 권했다. 마쓰시타는 아이 얼굴도 보지 못한 채 일본으로 떠난 후 소식을 모른다. 일본으로 급히 가기 전에 문 앞까지 왔다 갔다는 말만 전해 들었다. 아비도 없이 병든 어미가 아이를 어떻게 키울 것이냐는 말만 여기저기서 들려왔다. 연락처도 없이 떠나간 마쓰시타에 대한 원망의 소리도 들려왔다. 한치 앞을 볼 수 없는 절망의 늪으로 빠져들었다. 경주에서 데리고 올 때 통통했던 볼살은 다 빠져 성장이 멈추는 듯이 보였다.

___아이를 떠나보내다

봄이 왔지만, 아이를 키울 수 없다는 불안감이 매일 밀려왔다. 가장 무서웠던 것은 아이도 병에 걸릴 수 있다는 사실이었다. 아이는 기어 다니며 무엇이든지 빨고 움켜쥐었다. 그러다 상처라도 나면, 어미를 보고 좋다고 기어오는 아이에게 어미의 병이 옮는다면 더는 살 수 없을 것 같았다. 아이를 위해서 살아야 한다고 이를 악물었지만, 아이를 위해서 할 수 있는 건 아이를 떠나보내는 것뿐이었다.

"일본으로 보내기로 했제."
"왜 하필 일본이었어요? 경주에 있던 그 집으로 다시 보내면 어쩌다 볼 수도 있는데, 그렇게 멀리 보내셨어요?"

할머니는 대답 대신 희미하게 웃었다. 묻지 말아야 하는 것을 물었다는 생각에 슬그머니 할머니의 손을 잡았다. 이제는 손을 빼지도 않고 가만히 있었다. 손은 부드러웠지만 온기가 느껴지지 않았다. 침묵을 깨뜨린 건 할머니였다.

"아들이 있는 건 알고 갔제. 같은 하늘 아래 있으모 언젠가는 안 만나겠나. 혹시라도 지나가다 마주치면 닮았다 싶어 서로 쳐다는 보겠지. 평생에 한 번은 보겠지."

"우리 어무이가 가까이 보내면 또 가서 찾아온다고……. 나도 못 살고 아도 못 산다고 며칠을 나를 달랬제."

아이를 일본으로 보낼 수 있는 방법을 수소문했다. 여러 손을 거쳐 일본에 살고 있는 김해 사람을 소개받았다. 아이가 없던 그들은 소식을 듣자 인편으로 약간의 돈과 타고 갈 수 있는 배편을 알려왔다. 더는 망설일 수 없었다. 잠든 아이를 안고 밤을 꼬박 새웠다. 아무것도 모른 채 안겨 잠든 아이를 밤새 들여다보고 또 보았다. 그런 할머니를 어머니는 옆에서 밤새 지키고 있었다.

"아이 이름을 기억하세요?"
"하모. 승팔이, 승팔이다. 일본에 이긴 팔월에 태어났다꼬 승팔이라고 지었다.”

할머니는 60여 년 동안 단 한 번도 말한 적이 없었던 아들의
이름을 힘주어 말했다. 할머니의 아들은 1945년 8월에 태어났다.
어머니 품에서 8개월 동안 자라다가 다른 사람의 품에서 자라 이
제는 회갑을 넘긴 할아버지가 되었다. 아버지는 마쓰시타, 어머니
는 요시코이다. 할머니는 60여 년 전 자신이 아이를 업고 찾아갔
던 일본의 지역명과 그 사람들의 인적 사항을 정확하게 기억하고
있었다.

“일본 대판에 있는 김해 사람 집에 데려다 줬다. 아 이름을 지
어놨더라. 야스다 가스하찌. 그기 승팔이 이름이다. 경주보다는
잘 사는 것 같지 않더라. 아가 귀한 집이라 좋아하대. 한참 동안
사진하고 편지가 왔다. 아는 잘 크는 것 같더라. 말해 주겠다고 했
다. 아가 크모 에미 이름은 말해 주겠다고 했다.”

다시는 볼 수 없다는 사실을 알기나 하듯이 아이는 엄마의 품
을 떠나지 않으려고 발버둥치며 울었다. 온몸으로 우는 아이의
울음소리는 골목을 빠져나올 때까지 들려왔다. 골목 끝에서 넋을
놓고 있는 할머니를 배에 태우고 왔던 선원이 와서 데리고 갔다.

그 선원은 아무 말도 하지 않고 타고 왔던 배로 할머니를 데리고 가 밥을 주었지만, 수저를 들 수 없었다.

— 바다에 나를 버리다

뱃머리에 꼼짝하지도 않고 앉아서 바닷물만 바라보았다. 물보라를 일으키는 바다는 할머니를 유혹하고 있었다. 할머니는 천천히 몸을 일으켜 배의 난간 위로 몸을 올렸다. 아래로 떨어지면서 바닷물이 할머니의 얼굴과 맞닿았다고 느낀 순간 할머니의 몸은 사정없이 들어 올려졌다. 마디 굵은 손이 할머니의 허리춤을 잡고 있었다.

"이유는 모르지만, 죽는 거는 순간이요. 살아야 아이 얼굴도 볼 수 있는 기요."

살아 있어야 아이를 다시 볼 수 있다는 그 말이 할머니의 가슴을 후벼 파며 깊이 들어앉았다.

아가야 보고 싶구나

핏덩이 너를 등에 업고
현해탄을 건너 이국만리에 가서
너를 버리고 뒤돌아 설 때
돌아보고 또 돌아보니
눈물이 앞을 가려
눈물자죽만 남았단다.

연락선을 붙잡고 한없이
울었단다
연락선은 가자고 고동을 불고
성난 파도 이리저리 흔드니
파도소리에 몸을 띄우려고
몇 번이나 맹세하였건만
끝끝내 뜻을 이루지 못했네.

오늘날까지 이것이
내 가슴에 응어리 맺혀
쇠못이 박힌 아픔을 느끼네.　　　　　　──「아가야」의 부분

"그때 죽지 못한 기 한이다."

할머니는 60여 년의 시간을 그리움과 고통 속에서 보낼 것이라고 생각하지 못했다. 살다 보면 잊혀질 것이라 여겼다. 잊기 위해 안간힘을 쏟았다. 그러나 일본에서 돌아와 보내는 나날은 살아 있는 시간이 아니었다. 몸은 살아 움직이나 마음은 죽어 있었다. 생각나는 것도 없고 보이는 것도 없었다. 아이가 누워 자던 자리, 꼼지락거리던 작은 손, 품에 안겨 웃던 모습들만 보였다. 그리고 울음소리만 끝없이 들렸다.

___나는 너를 버리지 않았다

"봐라, 김 선생. 니는 공부하고 글을 쓴다고 했제? 내 이야기를 소설로 써 주라. 내가 살아 생전에 우리 승팔이를 우찌 만나겠노. 내 모습이 이래서 우찌 만나겠노. 그래도 나 죽고 난 뒤에 승팔이가 혹시라도 나를 찾으면 한시도 잊은 적이 없다고 말해 주고 싶다. 나는 지금이라도 내 아들을 만나면 알 수 있을 것 같다. 얼마나 마이 생각해 봤는지 모른다. 키는 얼마나 될꼬, 목소리는 어떨꼬, 뭐를 좋아할꼬, 온갖 생각 다 해봤다. 휴우, 내가 아는 기하나도 없더라. 그래도 내가 지를 얼매나 사랑했는지, 그리워하고 보고 싶어 했는지 말해 주고 싶다. 나를 마이 원망하겠제. 그 사람들이 지 어미에 대해 말을 해 주겠나? 말해 준다고 했는데 말해 줬을까? 우짜모 나를 모를지도 모르지. 그기 낫겠제? 그 사람들을 지 친부모로 알고 사는 게 낫겠제? 그래도 모른다. 혹시 아나? 갸가 나를 찾아올지. 마쓰시타는 만났을까? 아이고, 우찌 만났겠노? 만나도 우찌 알겠노? 아이다. 내가 그 사람들한테 말해 줬다. 혹시나 만날까 봐서 내 이름도 말해 주고 내 살던 데도 말해 줬다. 그라고 마쓰시타 이름도 말해 줬다. 알았으모 지 아버지를 안 찾았겠나? 내가 지금 만나모 뭐하노 싶다가도 그래도 보고 싶다. 지는 나를 안 봐도 나는 꼭 한 번은 보고 싶다. 김 선생, 니가 소설을 써서 잘 팔리면 그 사람도 안 보겠나? 요새는 그 뭐라카노, 일본 소설도 마이 나온다 카대. 우리나라 소설도 일본으로 안 가겠나. 그라고 살아 있으모 마쓰시타도 지 아들이 일본에 있는 거를 안 알겠나. 나를 잊어버리지는 않았을 기다. 내가 살아서는 말 못하겠다. 먼저 간 영감, 그 사람이 알면 섭섭해할까 봐, 차마 입이 안 떨어져서 처음부터 말을 안 하다 보게 그만 아무 말도 못했다. 그라고 영감을 보냈다. 나도 미안한 거는 안다. 우리 딸? 섭섭하겠제. 그래도 우짜겠노. 그래도 손가락질은 안 할 끼다. 지도 자식 낳고 사는데 우찌 그리 버린 자식을 그리워하는 나를 욕하겠노.

나는 우리 승팔이한테 꼭 말하고 싶은 기 있다. 나는 니를 안 버렸다. 니를 살리라꼬 그랬다. 이 말 꼭 하고 싶다. 내가 병만 안 들었어도 몇 번은 찾아갔을 끼다. 우리 승팔이도 찾아오고 마쓰시타도 찾아갔을 끼다. 내가 병만 안 들었어도 ……."

승팔이는 60여 년을 할머니의 마음속에서만 살다가 드디어 세상 밖으로 나왔다. 60여 년이 지났지만, 승팔이는 할머니에게 여전히 떨어지지 않으려고 발버둥치며 울던 아기로만 남아 있다.

언젠가
승팔이도 이 일기장을
볼 때가 있겠지
아
이 모든 것이 허공에
꿈이 되었으면 싶다
꿈이 아니다 현실이다
이것이 나와 승팔이의
맺힌 열매이다.

승팔아

이 어리석은 에미

바보 같은 에미

병든 나를 용서해 다오.

— 「아가야」의 부분

할머니는 긴 한숨 소리와 함께 이야기를 끝내고 팔을 휘이 저었다. 한참 후에 말을 이었다.

"미워도 다시 한 번 만나기를 약속한다."

지금 이 순간에도 할머니는 아들을 다시 볼 수 있으리라는 희망을 놓지 않고 있었다. 비록 아들은 자기를 버린 어머니를 미워하고 원망할지라도, 아니면 어머니라는 존재 자체를 모를지라도 어머니는 아들에 대한 그리움을 내려놓을 수 없는 것이다.

10장

추운 계절의 끝에서

―치유될 수 없는 과거

'세월이 약'이라는 말이 있다. 아무리 힘들고 아픈 상처일지라도 시간이 지나면 나아질 수 있다는 뜻이다. 이 말은 사람의 힘으로는 치유될 수 없는 상처가 있다는 의미이기도 하다. 할머니에게 아들과의 이별은 시간이 지날수록 깊은 상처가 되었다. 그 어느 누구에게도 말할 수 없는 상처는 가슴 깊이 커다란 웅덩이를 파고 들어 앉았다.

속아서 결혼했다는 생각으로 남편에 대한 원망과 야속함은 사라지지 않았다. 6살이 많았던 남편은 어린 아내를 지극히 사랑했지만, 20살의 아내는 남편의 정성마저도 싫었다.

"진짜 정 안 주어지더라. 내 때문에 저거 아버지도 참말로 죽고 싶다 했다. 내내 울고, 달래도 울고, 아침저녁으로 내내 울었다."

먹지도 않고 제대로 자지도 않으면서 울기만 하는 아내를 달랠 방법이 없었다.

"내 간다 이러면, 보따리 싸가 간다, 그리 하면."
"아이고 가보지 어디가 몇 발 못 가가 붙잡히지. 이 안에 법이 없는 줄 아냐, 당신 마음대로 하냐, 가 봐라."

남편이 할 수 있는 일은 가겠다는 아내의 말에 아랑곳없이 그 곁을 지키는 것뿐이었다. 남편이 하루 종일 옆을 지키면서 달래고 또 달래도 스스로에 대한 서러움과 속았다는 분노는 다스려지지 않았다.

할머니가 머물러야 할 곳은 울산 바닷가였다. 울산에서 태어나 자랐지만, 그곳이 어디인지 어떻게 나갈 수 있는지 감조차 잡을 수 없었다. 바닷가 넓은 바위 위에 앉아서 매일 죽음을 생각했다. 앞이 보이지 않는 절망과 분노 속에서 할머니는 집단촌에서 주는 약을 거부했다. 약을 먹지 않는 상태에서 끼니마저 거르자 병의 속도는 빨라졌다.

"한 번은 저 바닷물에 빠져 죽을라 했다. 그것도 그만 들켜서 안 됐제. 근데 헤엄을 치몬 도망 갈 수 있겠는 기라. 그리 생각하니까 사람들이 쫓아올 낀데 가다 잡혀서 두들겨 맞으모 우야노, 몽디 갖꼬 두들겨 맞으면 우야노, 겁이 나 얼마나 벌벌 떨어댄 줄 아나."

그래도 그렇게 살 수는 없었다.
할머니는 허허로운 웃음소리를 내며 말을 이었다.

"그 당시 공부도 좀 했다 쿠고, 공부 많이 한 처자가 저기 있다 소문이 어디까지 나가지고, 영감한테까지 오게 된 기라. 영감도 공부는 좀 했더라꼬."

남편은 일본에서 공부를 하던 중 한센병 환자를 치료해 주기 위해 고향으로 돌아왔다고 약장수가 말했었다. 하지만 청년 김철수는 울고 있는 어린 아내에게 솔직하게 들려주었다. 징용으로 끌려가 굶주림과 모진 구타 끝에 한센병에 걸린 것을 알고 고향으로 돌아온 것이라고.

부친이 일찍 세상을 떠난 고향에는 형과 누나가 있었지만, 도움을 받을 수 없었다. 징용에 끌려가기 전에 배운 학식으로 한센인 집단촌의 행정적인 일들을 도와주고 있었다. 할머니 기억 속의 젊은 남편은 미남이었다.

"얼굴도 뽀얗고 모리고 보면 진짜 의사 같앴다. 인상도 참 괜찮았다. 마음도 좋았제. 얼매나 착한 사람이었다고."

그러나 20세 할머니의 눈에 그런 남편의 모습은 보이지 않았다. 죽는 게 낫다는 절망감뿐이었다. 그 절망감은 20세의 할머니를 죽음으로 이끌었다.

"한번은 약 묵고 죽을라꼬 치료약을 한 서른 개 묵었다. 서른 개 먹으니 죽지는 안 하고 토하기만 토하고 얼굴이 새파래지고 굿이 났지. 그거 묵고 나니 잠이 안 오데. 밤낮으로 잠이 안 오데. 그래 가지고 어떤 사람은 죽게 놔두라 하고, 간 크게 어디 약을 그리 지 마음대로 먹노 하는 사람도 있고, 약병을 단디 안 놔놓고 뭐했노 하는 사람도 있고, 아이고 동네 굿이 안 났더나."

__새로운 탄생

몇 날 며칠을 밤낮없이 뜬 눈으로 보내고 난 후, 할머니는 운명에 순응했다. 삶은 팍팍했다. 일자리를 얻을 수가 없었으므로 동냥을 다녔다. 운이 좋으면 쌀도 얻고 이삼 일 지낼 수 있는 반찬거리도 얻었지만, 쫓겨 다니기도 수없이 했다. 지금 생각하면 남편이 있었기에 그 어려운 시간을 보낼 수 있었으리라 싶지만, 그 당시에는 아무 생각 없이 해 뜨면 일어나고 어두워지면 잤다.

"이 사람이 현재 내캉 이렇게 사는 사람이라고 맘속으로 자꾸 다짐했제. 안 그래야 될 낀데 자꾸 지난 기 생각나는 기라."

그래서 아무 말도 하지 않았다. 때 되면 밥 먹고 양식이 떨어지면 동냥을 다녔다. 그러다 집단촌에 배급이 시작되었다.

"땡보리가 나오더라고. 쌀은 없었어."

그중에서도 좋은 것은 위에서 가로채 갔다. 나머지 힘없는 사람들은 맷돌로 갈아서 보리 수제비를 해먹었다. 거친 보리 수제비지만 동냥을 다니지 않아도 굶지 않는다는 사실이 고마웠다.

세월은 무심하게 흘러갔다. 그동안 몇 번의 강제 이주가 있었다. 어느 날 사람들이 와서 떠나라고 난리를 치면 입은 옷 그대로 보따리만 들고 떠나야 했다. 집단촌은 울산을 떠나 부산으로 옮겨졌다. 세월의 무심함이 사람을 변하게 하는 건지 아니면 사람이 변해서 세월이 무심해 보이는 건지 알 수 없는 나날들이었다.

결혼하고 만 3년이 지나 24세 때 딸을 낳았다. 30세에 아이를 본 남편은 좋아서 어쩔 줄 몰랐지만, 할머니의 슬픔은 방긋거리는 딸을 볼 때마다 마음속 깊은 곳에서 커져 갔다. 어디를 가든지 정부에서 나오는 배급품은 한센인들에게 제대로 보급되지 않았다. 좋은 것은 전부 힘 있는 관리나 하다못해 집단촌 이장까지 팔아서 이익을 챙겼기 때문이다. 생활은 항상 궁핍했지만, 딸은 젖을 먹여 키울 수 있었다.

할머니와 마주 앉은 방 안은 서늘했다. 낡은 집의 창틈으로 찬 바람이 계속 들어오고 있었다.

"이리 추워서, 겨울이 되니까 영감에 대한 시를 하나 지어 볼라꼬 아무리 생각해도 시가 생각이 안 나."

"추운데 왜 할아버지 생각이 나세요?"

"내가 겨울에 영감을 만났거든. 참 마이 추웠다. 눈도 마이 오고…… 하아얗게 쌓여 있었다."

할머니의 감기 기운은 낫는 기미를 보이지 않는다. 미열도 더 이상 내리지 않고 할머니를 괴롭히고 있었다.

"이상하게도 몇 년 전부터 감기가 자꾸 걸리는 기라."

할머니는 혀를 찼다. 깊은 산 속에서 서서히 시들어 가는 고목의 모습이 눈앞을 스쳐갔다. 할머니에게서는 하나 둘 나뭇잎을 떨어뜨리는 고목의 무상함이 느껴졌다.

——텅 빈 삶

딸아이가 젖을 뗄 무렵, 삶의 고통을 이기지 못한 할머니는 다시 약을 먹었다. 이번에는 예전보다 더 많은 양의 약을 먹었다. 가물거리는 의식 속에서 들려오는 아이의 울음소리가 딸의 울음인지 승팔이의 울음인지 알 수 없었다. 단지 아이의 울음소리를 들으면서 '이제 됐다. 이제는 됐다.'라는 안도의 물결만이 밀려왔다.

얼마의 시간이 지났을까. 웅성거리는 소리와 함께 남편의 분노에 찬 목소리가 들려 왔다.

"참말로 징하다. 어찌 그리 독하노. 니 같은 독종은 살다 살다 처음 본다."

세상의 모든 것이 무너져 버린 듯한 목소리에는 분노와 허무함이 묻어났다. 아내에 대한 서운함과 자신에 대한 자괴감에 남편은 한동안 말문을 닫았다.

"밥 먹자 하면 먹고, 일하러 가자 하면 가고, 이거 하자 하면 이거 하고, 저거 하자 하면 저거 하고, 별 그거 없고 그래 지내는 사람인데 내 영감…… 이거는 만나 놓으면 어렵거든. 법적으로 이래 이렇게 그거는 없고."

할머니는 띄엄띄엄 간격을 두며 먼저 가신 남편에 대한 미안함을 드러냈다. 남편의 마음을 모르는 건 아니지만, 텅 빈 듯한 마음을 어떻게 할 수가 없었다.

"어린 딸은 어떻게 하라고 그러셨어요?"

나의 바보 같은 질문에 할머니는 담담하게 말을 이어 갔다.

"죄를 짓는 것 같아서, 다, 딸도 승팔이도, 영감도, 아무 죄 없는 기라. 죄는 나한테 있는 기라. 그러니 죽을 수밖에."

사는 것이 죄를 짓는 일이고 죽는 것이 속죄하는 일이라면 삶과 죽음의 차이는 어디에 있는 것일까? 우리는 왜 태어나야 하는 것일까? 이 세상에 태어나서 사는 동안 내가 스스로 선택할 수 있는 게 무엇일까? 태어나서 병들어 사는 것이 죄라면 진실은 어디에 있는 것일까? 나는 혼란스러웠다.

집으로 돌아오는 내내 '죄'라는 단어에서 헤어날 수 없었다. 한 사람의 삶이 저렇게 고독하고 고통스러운데, 그 삶이 죄가 된다면 어떻게 살아야 하는 것일까. 나의 죄는 무엇일까. 할아버지와 딸에 대한 시를 짓고 싶지만, 도저히 떠오르지 않는다는 말은 무엇을 의미하는 것일까? 한 편의 시가 떠 올랐다.

나무들이 요란히 흔들리는 가운데 겨운 햇빛은 떨어지며 너를 이끌어들인다. 얼은 들판을 바라보고 앉아 있는 나에게로. 잘 왔다. 친구여, 내 알려줄 것이 있다. 저 캄캄해오는 들판을 바라보라. 들판을 바라보는 그대로 너를 나에게 오게 하는 법을 배웠느니라.

이제 무엇을 말하겠는가. 혹은 다시 보겠는가. 네 허전히 보낸 나날의 표정 없는 얼굴을. 네 그처럼 처음을 사랑했던 꿈들을.

보여라, 살고 싶은 얼굴을. 보아라, 어지러운 꿈의 마지막을. 내려
서라, 들판으로, 저 바람 받는 지평으로.

— 황동규, 「이것은 괴로움인가 기쁨인가」의 부분

할머니가 자신의 삶을 온전하게 받아들이는 방법은 죽음이었
다. 찬바람 부는 언 들판 같은 삶을 살아가야 할 이에게 괴로움과
기쁨은 명확하게 구분되는 대상이 아닐 것이다. 스스로 바라보는
삶은 어둠이 내려앉은 캄캄한 들판과 다를 바 없었을 게다. 그런
사람에게 '왜 죽음을 선택하는가'라는 질문만큼 어리석은 것은
없으리라.

__계절의 끝에서

보통의 사람들에게는 큰 기쁨으로 모두에게 외치는 한 생명
의 탄생이 어떤 이에게는 살아보기 위해 애써 누르며 외면하고자
했던 상처를 수면 위로 들어 올리는 사건이라면, 우리는 그것을
기쁨이라고 해야 할까 고통이라고 해야 할까. 할머니에게 딸의

탄생은 새로운 고통의 시작이었다.

　남편은 "당신 속에 무엇이 들어 앉아 있는가? 내가 알면 안 되는 것인가?"라며 아내의 마음을 열고자 노력했다.

　"가까이 오면 저리 가라고, 오지 마라고 폴을 휘둘렀지."

　털어놓을 수 없는 비밀은 아내의 마음의 문을 굳게 닫았고, 그런 아내를 바라보는 남편의 마음은 까맣게 타 들어갔다.

　"영감은 나한테 온갖 이야기 다 했다. 지 연애했던 이야기, 첫사랑 이야기, 어릴 때 이야기, 나는 아무 말도 안 했다."
　"만약 말씀하셨으면 어떻게 하셨을까요?"

　나는 조심스럽게 물었다.

　"영감은 참 좋은 사람이다. 예수를 믿고 나서는 더 좋아졌제. 무엇이든 나누었다."

　할머니는 나의 질문에 대한 답 대신 남편의 좋은 점을 열거했다. 좋은 사람이었으며, 50년이 넘는 시간을 함께 했지만, 사랑은 싹트지 않았다. 딸을 바라보면서 떠나보낸 아이를 생각하면 안 된다고 다짐했지만, 그것은 다짐일 뿐이었다. 마음 깊은 곳에 자리 잡은 그리움과 연민은 불쑥불쑥 튀어 나와 가슴을 텅 비워놓았다. 그때마다 어미는 어린 딸의 얼굴을 외면하고, 아이는 본능적으로 어미에게 더 매달렸다.

'이렇게 병들어도 아이를 키울 수 있는데, 아이가 이렇게 아무 일 없이 잘 자라는데'라는 생각이 들 때마다 할머니는 캄캄한 들판에 홀로 서서 칼바람을 온 몸과 온 마음으로 맞았다. 그래도 추운 줄 몰랐다. 할머니의 마음을 꽁꽁 얼게 만드는 것은 지나간 시간에 대한 죄책감이었다.

죽음의 문턱에서 돌아온 이후 할머니의 삶은 언제나 죄책감이 함께 했다. 하지만 달라진 것은 죽음에 대한 유혹을 더 이상 받지 않게 된 것이다.

"죽는 것도 내 기 아이라. 내 거는 아무것도 없는 기라."

내가 가질 수 있는 게 아무것도 없다면, 괴로움도 기쁨도 고통도 내 것이 아닐 것이다. 내 것이 없는 세상에서 내가 할 수 있는 일은 그저 묵묵히 살아가는 것뿐이리라. 할머니의 가슴은 언제나 찬바람이 불어도, 그 찬바람은 더 이상 할머니의 삶을 흔들지 못했다. 할머니에게는 이제 지켜야 하는 딸이 있고, 할머니를 지켜 주는 남편이 있기 때문이다. 비록 사랑은 아닐지라도 함께 갈 수 있다는 믿음이 할머니에게 싹트고 있었다.

11장

꽃보다 붉은 울음

—세상이 참말로 험하다

이사는 수없이 다녔다. 아니 이사라고 할 것도 없었다. 살다가 떠나가라면 떠나야 했기 때문이다. 남편을 만나 결혼 생활을 시작했던 울산의 집단촌은 초가집이었지만 방이 있었고, 비도 피할 수 있었다. 거친 식량이었지만, 관청에서 나오는 배급품도 있었기에 굶주리지는 않았다. 그러나 이웃 동네 사람들의 원성에 못 견뎌 한센인들은 흩어져 다른 지방으로 옮겨졌다.

할머니는 여기저기 옮겨 다녔던 지명을 기억하고 있었지만, 그 순서는 정확하지 않은 듯했다. 같은 지명을 다시 말하고, 서로 다른 지역으로 기억하고 있었다.

"마이 옮겼다. 60년, 50년 전에 다니던 데는 가물가물한다. 험하대이. 세상이 참말로 험하다."

한 곳에 정착할 수 없었던 서러움을 세상이 험하다는 말로 표현했다. 할머니는 울산 집단촌을 나와 부산으로 온 것은 기억하지만, 부산의 첫 지명은 기억하지 못했다. 입안에서 계속 맴도는 듯 말을 할 듯 할 듯 하다가 결국 기억하지 못했다. 부산에 와서 처음 살게 된 곳은 그리 큰 공동체가 아니었다. 그러나 한센인들이 모여 산다는 말이 돌자 여기저기서 한두 명씩 때로는 가족이 들어와 함께 살면서 마을의 규모는 커져 갔다. 울산에서도 그러했지만, 마을이 커지고 한센인들이 늘어나면 주변 사람들의 핍박은 거세진다.

구걸도 힘들었고, 마치 한센병이 공기를 타고 전파되는 것처럼 같은 하늘 아래 있는 것을 극도로 싫어하는 비한센인들의 이기적인 행동은 한센인들의 삶을 더욱더 힘들게 했다. 그들은 주거 공간이 다르고, 주거지가 많은 거리를 두고 떨어져 있어도 같은 지명을 사용한다는 것 자체를 받아들이려 하지 않았다. 비한센인들에게 한센인들은 없어도 되는 존재를 넘어 없어야 할 존재들이었다.

"거기서 용호동으로 갔제. 그래도 거(용호동)가 괜찮았다. 좀 살았던 것 같네."

'좀 살았던 것 같네'라는 말을 어떻게 받아들여야 할지 몰라 순간 당황스러웠다.

"얼마나 사셨어요?"
"아매 2~3년 살았제. 하모. 그때는 마이 살았던 거제."

용호동에서는 양계를 하여 생계를 유지했다. 밤낮없이 일만 했다. 바닷가 바람이 아무리 거세다 해도 한센인들의 삶의 의지를 꺾지 못했다.

___세상이 그런 기라

2004년도에 우연히 용호동 한센인 집단촌에 간 적이 있다. 그곳은 자연의 모습 그대로 45도에 가까운 경사로에 집들이 들어서 있었다. 산을 뒤에 두고 바다를 바라보며 서 있던 그 판잣집들은 철거 중이었다. 지금은 부산 용호동을 대표하는 최고급 아파트가 들어서기 위하여 한센인들의 집이 무너지고 있는 광경을 그날 나는 보았다.

창문 대신 비닐이 쳐져 있는 집들의 대부분이 반쯤 무너지고 부서진 상태로 방치되어 있었다. 오륙도가 보이는 그곳 바닷가에서 노인 대여섯 명이 무표정하게 우리 일행을 올려다보고 있었다. 우리는 산과 집단촌 사이에 나 있던 도로에 차를 세우고 천천히 걸어 내려갔다. 미처 챙겨가지 못한 옷가지들이 바람에 펄럭이고, 방문들이 부서져 널브러져 있는 광경은 참으로 처참했다.

할머니의 얼굴을 보며 그때 용호동 바닷가에서 보았던 노인들의 모습이 떠올랐다. 갈 곳이 없어 떠나지 못하고 있던 그 노인들은 전기도 수도도 끊어진 그곳에서 바다만 보고 있었다. 노인들 곁에 남아 있는 것은 햇살뿐이었다. 할머니의 젊은 날이 그러했으리라. 바다를 바라보며 '지금'을 벗어나고 싶었으리라. 바닷바람을 정면으로 받으면서도 비켜서지 않고 바다를 보고 지은 집들에는 한센인들의 소망이 깃들어 있었다.

아주 오래전에는 사람이 살 수 없던 척박한 환경이어서 한센인들은 집단으로 강제 이주를 당하고, 어딘지도 모르는 산 밑에 천막을 치기 시작했고, 한센인들이 늘어나면서 천막을 하나씩 지어 내려간 것이 바닷가에까지 닿았을 게다. 세상이 바뀌어 그곳이 천혜의 자연을 지닌 산책로로 인식되기 시작했다.

한센인들은 오래전에 강제로 쫓겨와 살기 위해 구걸하고 한편으로는 닭을 키우고 비탈을 개간하여 천막을 판자로, 다시 판자의 일부가 슬레이트로 바뀌었지만, 자연을 훼손시키지 않았다. 그 덕분에 자연은 그대로 보존되었고, 그곳은 이제 부자들이 도시의 오염을 벗어나 쾌적한 생활을 영위할 수 있는 최적지로 변모하였다. 그리고 자연을 보존하고 자연과 더불어 살았던 한센인들은 그곳을 떠나 다시 어딘가에서 숨을 죽이고 살아야 했던 것이다.

"용호동은 왜 떠나셨어요?"

"휴우, 거기는 살기가 괜찮았다. 바람이 마이 불고 추워도, 산나물 있제, 계란 팔제. 계란은 파는데 남는 기 너무 없는 기라. 그래 사람들 사이에 말이 많았제. 그기 그렇다. 처음에는 그렇다가 좀 있으모 꼭 말썽이 생기는 기라."

"처음부터 있었던 사람, 나중에 들어온 사람, 일 안 하고 잘 묵는 사람, 세상이 그런 기라."

＿아픈 줄 모른께 그리 살았제

할머니는 최초의 정착인이 아니었다. 이미 한센인들이 거주하고 있던 곳에 할머니가 들어갔으므로 내부의 갈등으로 떠나야 할 사람도 할머니와 함께 들어갔던 사람들이었다. 닭을 키워 계란을 팔았으나, 직접 시장에 가서 팔 수는 없었다. 자연히 외부에서 계란을 가지러 오는 사람이 필요했고, 마을 내부에서 그 중개인을 상대하는 사람은 따로 있었다. 그 과정에서 오해와 의혹에 의한 갈등이 자주 발생했다.

공동체 내의 누군가가 좀 더 많은 이익을 취하는 것은 아닌가 하는 의혹은 누군가가 이익을 보고 나는 손해를 본다는 피해의식을 불러왔다. 이러한 갈등 끝에 시시비비가 붙었고, 일의 잘잘못을 떠나 공동체는 분열되었다. 할머니는 자신의 의사와는 관계없이 용호동을 떠나야 하는 쪽이었다. 같은 한센인이지만 그 갈등은 현재까지 지속되고 있는 것 같았다.

할머니가 살고 있는 이 마을과 길 건너에 있는 마을은 용호동에서 서로 반목하던 사람들끼리 나누어져 정착한 곳으로 현재도 실제 거리보다 심리적인 거리가 더 멀어 보였다. 할머니를 만나기 이전에 먼저 길 건너에 있는 마을을 방문했었다. 그곳에서는 개인적인 접촉이 불가능했다. 나와의 만남을 가져보겠다는 사람도 마을 대표의 한 마디에 연락처도 없이 뒤돌아섰고, 나는 마을 안으로 아예 들어서지 못했었다.

할머니가 기억하는 부산의 또 다른 지명은 신암이었다. 신암이라는 지명은 기억하지만, 그곳에서의 생활에 대한 구체적인 기억은 없었다. 단지 많이 힘들었다는 것만 기억하고 있었다. 신암에서 강제로 이주당해 간 곳이 을숙도였다. 할머니는 을숙도에서의 생활을 비교적 자세하게 기억하고 있었다.

을숙도에서의 생활은 몸은 고단했지만 그런대로 평화로웠다. 한센인들이 이주하기 전부터 섬에는 사람들이 살고 있었지만, 별다른 문제는 발생하지 않았다. 원주민들과 한센인들은 서로의 생활 영역을 존중하며 생업에 열중했기 때문에 마주칠 일이 거의 없었다. 섬이었지만 누군가의 핍박을 받지 않아도 된다는 사실이 심리적으로 안정감을 주었다.

한센인들은 어떤 일이든 했다. 원주민들은 주로 어업에 집중한 반면, 한센인들은 섬에 지천으로 널린 갈대와 싸리나무로 빗자루를 만들었다. 갈대와 싸리나무는 젊은 남자들도 맨손으로 꺾어 다듬기 어려운 식물이다. 그럼에도 한센인들은 불편한 손으로 갈대와 싸리나무를 꺾어서 구부리고 다듬어 빗자루로 엮었다.

그 빗자루는 뭍에 있는 사람들이 서로 사 갔다. 함께 사는 것은 거부했지만, 한센인들이 만드는 빗자루는 다른 빗자루보다 견고하고 성능이 좋았기 때문이다. 빗자루도 한센인들이 뭍으로 직접 나가서 팔 수는 없었다. 작은 나룻배에 싣고 강 가운데로 가면 뭍에서 나룻배를 타고 온 사람에게 넘겼다. 그 길만이 당시 을숙도에 살고 있던 한센인들의 생계수단이었다.

"김 선생, 말도 마라. 온 손은 상처투성이고 피도 마이 났다. 피 나는 줄도 모르고 했다. 한참 하다 보면 그것들(갈대와 싸리나무) 군데 군데 피가 묻어 있는 기라. 그래 보모 온 손에 피라. 아픈 줄 모른게 그리 했제. 아팠으면 그리 했겠나."

한센인들이 돈을 벌어 삶의 희망을 가져볼 수 있는 것이 빗자루를 만드는 것이기에 그들은 그 일에 최선을 다 했다. 그러나 그 일은 고통을 느끼지 못하는 그들이었기에 가능했다.

__한센 환자들, 2가 그리 역사가 깊다

한센병에 걸렸다는 사실만으로 그 어디에서도 정착할 수 없는 삶을 사는 이야기를 하는 할머니의 쓸쓸한 얼굴을 보며, 낙동강을 배경으로 한 김정한의 소설 「모래톱 이야기」를 들려주었다.

「모래톱 이야기」는 중학교 교사인 화자가 낙동강 하구 명지의 조마이섬에 사는 건우네 집을 가정방문하여 알게 된 조마이섬의 내력과 그 섬을 지키려다 감옥으로 가는 건우 할아버지인 갈밭새 영감에 대한 이야기이다.

"조마이섬은 일제 강점기에는 일본인이 지배했고, 지금은 유력 인사가 사유지로 하려는 곳이다. 갈밭새 영감은 정부에 의해 이주해 온 한센인들을 몽둥이, 쇠스랑 등으로 쫓아내다가 팔을 다쳐 흉터도 지니고 있다. 오래전부터 살았으나 아무도 자기 땅을 가지지 못한 몇 안 되는 조마이섬 사람들을 대신하여 갈밭새 영감이 유력 인사와 싸웠으나 결국은 감옥으로 가고, 건우는 학교에 다시는 오지 않았다."

내가 들려주는 소설을 집중하며 듣던 할머니는 이야기가 끝나자마자 무릎을 탁 치며 "그긴갑다"라는 말을 반복했다. 할머니는 「모래톱 이야기」의 무대인 조마이 마을은 처음 듣지만, 유사한 사건이 있었다고 반색을 하며 오래된 이야기를 기억 속에서 끄집어냈다. 자신의 이야기를 떠나서 자기가 알고 있는 사건과 유사한 내용의 소설을 들은 할머니의 얼굴에는 강한 호기심이 빛을 내고 있었다.

"그긴갑다. 내가 알고 있는 그 이야기가. 요쯤(여기쯤)은 바다고 또 한쪽은 땅인디, 한센 환자들이 거기 살려고 했제. 그런데 주민들이 우리가 살아야 하는데 너거가 왜 오노 하고 막았다. 살라고 하는 한센 환자들하고 못 들어오게 하는 사람들하고 크게 싸웠제."

할머니가 사는 을숙도에서 벌어진 사건은 아니었지만, 그 사건은 한센인들 사이에 회자되었기에 할머니는 「모래톱 이야기」를 그 사건과 연관하여 생각하는 듯했다.

할머니가 회상하는 그 강변에서 한센인들과 주민들과의 투쟁은 처절했다. "환자들이 거서로 천막을 쳐놓고 살았던 모양이라. 천막을 쳐놓고 집에 대창을 해가지고 싸우다가 안 돼가 저거가 (원주민이)……. 그래가 술로 받아가지고……. (한센인들에게) 술로 얼마나 먹여 놨던가, 한센 환자들이 술 먹고 그만 잤삤어. 자는 여개(사이에) 그 사람들(원주민)이 와가지고 (천막에) 불로 붙였어. (한센인들을) 다 죽여삘라고 불로 붙였는데 그서 튀어나오는 사람 창 갖고 찔러 죽이고, 온 가족들하고 그 식구들하고 저쪽에 있고, 요쯤을 점령하면 (한센인) 가족들도 욜로 올 수 있는 기라."

할머니는 그 사건을 설명할 때, 두 팔을 벌려 한쪽 팔로는 "요쯤은 바다고", 다른 팔로는 "한쪽은 땅이고"라는 몸짓으로 그 강변의 지형이 길쭉했음을 온몸으로 나타냈다.

"그래 갖고 젊은 청년들 마이 죽었다. 그때 그래 마이 죽고 그래 갖고 요새 겉으면 한센 환자들 얼마나 많은 줄 아나, 그냥 안 있다. 데모를 하든가 무슨 수를 내도 몇 만 명 되는데 그때만 해도 옛날이 돼논께네…… 말도 못하고, 그리 되니까네 군수도 말로 못하겠다 쿠고."

할머니의 말을 들으면서 대꾸할 엄두를 내지 못했다. 언어도단의 절벽 끝에 서 있는 느낌이었다. 온몸을 파고드는 한기를 느끼며 바라본 할머니의 얼굴에는 알 수 없는 표정들이 스쳐 지나갔다. 할머니는 "한센 환자들 그가 그리 역사가 깊다." 하면서 긴 한숨을 쉬고 말없이 생각에 잠겼다. 많은 한센인들이 죽었고 다쳤지만, 어떤 보상도 없었다.

요산 김정한은 「모래톱 이야기」의 조마이섬이 가상의 공간이라고 말했지만, 할머니의 이야기를 들으면서 바다와 인접한 실제 낙동강변일 가능성이 있다는 생각이 들었다. 요산은 곳곳을 직접 다니며 알게 된 사실들을 사회 비판적인 안목으로 소설화한 작가이다. 어쩌면 낙동강 주변을 탐색하다 한센인들과 지역 주민들

사이에 있었던 참혹한 사건을 듣고 「모래톱 이야기」를 집필한 것이 아닐까 하는 의문이 강하게 들었다.

「모래톱 이야기」가 발표된 1960년대의 사회적 상황을 미루어 볼 때, 실제 사건을 그대로 소설화하기에는 어려움이 있었기 때문에 조마이섬에서의 한센인들과 원주민들과의 갈등을 소설적 장치로 남긴 것이 아닐까 한다. 할머니는 그 강변의 정확한 지명을 묻는 나에게 "생각이 날락 말락 한다. 하도 오래된 이야기고. 하기사 나도 쫓기는 건 매한가진데"라며 기억을 애써 더듬었지만, 그 당시의 사건만 정확하게 되풀이했다.

__해와 하늘 빛이 서러워

젊은 한센인들이 살기 위하여 투쟁하다 목숨을 잃었지만, 그 사건은 그대로 시간 속으로 묻혀 갔다. 할머니는 끝내 그곳이 낙동강 어디쯤인지 아니면 부근 다른 지역인지를 정확하게 기억하지 못했으나, 사건의 정황은 기억하고 있었다. 믿을 수 없었던 사실이 많은 시간이 지나 다시 현실로 되살아나고 있었다.

해와 하늘 빛이

문둥이는 서러워

보리밭에 달 뜨면
애기 하나 먹고

꽃처럼 붉은 울음을 밤새 울었다.

— 서정주, 「문둥이」

시인 서정주는 오래전 항간에 떠도는 말들을 그대로 시에 옮겨 놓아 세간의 오해와 편견으로 인한 한센인들의 고통과 설움을 묘사했다. 비한센인들은 그들의 관념에 사로잡혀 한센인들을 배척했다. 두 눈으로 보아야 할 것을 보지 못하고 알아야 할 진실을 알지 못하는 세인의 어리석음은 '오만'이라고 할 수밖에 없다.

우리는 우리와 다른 것은 차이를 인정하지 않고 구분지어 나누어 버린다. '나' 아니면 '너'가 되는 것이다. '우리'라는 말을 습관적으로 하면서도 '나'와 '너'가 만나 '우리'가 됨을 애써 모른 척한다. '나'와 '너' 사이에 절대로 넘어설 수 없는 선을 그어 관용과 이해가 끼어들 틈을 주지 않는다.

나는 오만과 편견에 가득 찬 세상 속에서 병든 몸으로 시간을 헤쳐 나온 생명의 강인함을 마주하고 있었다. 할머니의 상념에 잠긴 옆모습에서 이름도 없이 살다 간 수많은 한센인들의 슬픔을 만나고 있었다. 누가 그들에게 돌을 던질 수 있을까. 밝은 햇빛 아래에서 살고 싶다는 그들의 작은 소망을 욕심이라고 할 수 있을까. 달빛 아래에서 '꽃처럼 붉은 울음'을 울었던 그들이 할머니의 기억 속에서 소생하고 있었다.

12장

핏자죽이 어린 길

―산 속에 내던져지다

아, 내 인생길이
왜 이다지도 가시밭길인가.
찔릴 때마다 피 흘러
걸을 때마다 핏자죽이었네.
걸을 때마다 잡초에 휘말려서
엎어지며 넘어지며
또 한 자국 걸을 때마다 자갈밭
또 한 걸음 걸을 때마다

진흙이 떡반죽 된 길

하나도 평탄한 길이 없더라

이것이 내 인생길인가.

— 「내 인생길」의 부분

할머니는 한스러운 자신의 삶에 대한 이야기를 하면서 자신의 인생을 가시밭길이자 자갈밭, 그리고 핏자죽이 어린 길이라고 노래했다. 태풍을 피해 을숙도에서 나왔지만, 한센인들은 마을로 들어가지 못했다. 잠시 머무르던 긴급 대피 장소인 학교에서도 더 이상 지낼 수 없었던 그들은 캄캄함 밤에 쓰레기를 싣고 다니는 차에 실려 지금의 땅에 내던져졌다.

"비가 억수로 왔다. 그냥 말없이 타라 하데. 우리도 이대로 있다가는 죽겠다 싶어서 그냥 탔제. 한참을 가더니 내리라 하는 기라."

그냥 내린 곳이 지금의 마을이었다. 아니, 그때는 산이었다. 한 치 앞을 볼 수 없는 어두운 밤에 그들은 비 내리는 산 속에 버려진 것이다.

"벌레가 따로 없제. 그냥 발 잘못 디뎌 굴러 떨어지면 죽는 기

라. 안 죽을 거라고 꿈틀꿈틀 기어 다녔제. 그래도 살아볼 기라고 미끄러지고 또 미끄러지면서도 비를 피할 데를 찾았다. 있는 것이라고는 옷 보따리뿐인데. 그리 울던 아들(아이들)도 안 울더라. 저거도 무서운 기라. 본능적으로 무서웠던 거라."

사람들은 조그마한 바위틈만 있어도 기어 들어갔다. 달빛도 없는 어둠 속에서 비를 맞으며 그들은 온몸으로 기어 다니며 비를 피할 수 있는 곳을 찾아다녔다. 아수라장이 따로 없었다. 혹시나 굴러 떨어져 산 어딘가에 머리를 박고 죽는 줄도 모르고 죽을까 봐 손을 잡고 기어 다녔다. 큰 돌에 부딪치는 줄도 몰랐고, 나뭇가지에 얼굴을 긁히는 줄도 몰랐다.

그러는 사이 다시는 올 것 같지 않던 아침이 왔다. 비로소 서로의 얼굴을 보고, 그 얼굴에서 자신의 얼굴을 보았다. 흙을 뒤집어쓰고 비에 젖어 산발이 된 모습은 누가 누구인지 분간하기 어려웠다. 참혹했다.

"모두 흙투성이라. 아침이 되고 사방을 살펴보니 산이라. 우리 머리 위에 길이 있는데, 간간이 트럭 소리만 나더라. 차 소리만 나면 모두 숨었다. 나무 뒤로 흙더미 뒤로……."

"왜 숨으셨어요? 임자가 있는 산이었나요?"

"아이다. 사람들에게 들킬까 봐. 잡혀가면 이제 죽는 것밖에 더 있겠나."

그들은 사람들을 피해 산을 타고 아래로 내려갔다. 좁은 길을 사이에 두고 두 개의 산이 있었는데, 그들은 그중 아래쪽에 있는 산에 버려졌던 것이다. 흙투성이의 몸으로 그들은 먹을 수 있는 뿌리와 나물을 찾아 헤맸다. 그리고 산에 버려졌거나 빗물에 쓸려 내려온 비료 자루나 거적을 찾으면 그것으로 움막을 만들었다.

자연적으로 만들어진 오목한 곳이나 바위틈, 그리고 흙이 쓸려 내려가 드러난 큰 나무의 밑둥이 있으면, 그곳을 손으로 파서 사람이 들어앉을 수 있는 공간을 만들고 그 앞을 비료 포대로 막아 거처할 곳을 만들었다. 어쩌다 자연적으로 움푹 패인 언덕바지라도 발견하면 그렇게 좋을 수가 없었다.

비가 와서 미끄러지고 온몸이 흙투성이는 되었지만, 나뭇잎이 쌓여 흙이 된 곳은 부드러웠다. 그러나 그들에게는 부드러운 흙이라도 파낼 수 있는 도구가 없었기 때문에 병든 그들의 손은 흙 반 진물 반으로 반죽이 되었다. 다행히 비는 그쳤다. 낮 동안은 햇빛이 있어 견딜 만했지만, 해가 지면 산속의 기온은 사정없이 내려갔다.

"더 무서운 거는 산짐승이라. 괭이가 있나 호미가 있나. 짐승이 덮치모 방도가 없는 기라. 어린 아를 가운데 두고 어른들이 뺑둘러 잤다. 잠도 깊이 못 잔다. 춥고 배고프고 살아갈 길이 막막하고……."

삶이라고 할 수 없는 정경이었다.

"지금하고 마이 다른 기라. 그때는 그래도 산에서 굶어 죽지는 않겄더라. 그런데 봐라, 김 선생. 겨울이 되면 뭐 먹고 살 끼고? 겨울이 오기도 전에 얼어 죽고 굶어 죽을 판이라."

할머니의 얼굴은 열기를 띠고 붉어졌다. 숨소리도 가빠지고 있었다. 불편한 두 손으로 옷자락을 꽉 쥐었다 폈다를 반복했다. 겨우 일군 삶의 터전을 떠나서 산짐승 소리가 지척에서 들리는 산속에 내던져졌을 때가 마치 어제의 일처럼 생생하게 떠오르는 것 같았다. 할머니의 깊은 한숨 소리가 나의 심장 한가운데를 관통하는 고통을 느꼈다.

할머니의 이야기가 이어질수록 나의 심장은 터질 것만 같았다. 당신의 삶을 치유하겠으니 지나온 이야기를 해보라는 나의 요구가 과연 정당한 것인가? 나에게 그럴 자격이 있는가? 고통에 가득 찬 저 삶을 누가 어떻게 치유할 수 있을 것인가? 당혹감과 함께 낭패감을 느꼈다. 내가 과연 저 '핏자죽만' 남아 있는 삶을 이해한다고 말할 수 있을까? 나의 몸도 뜨거워지고 있었다. 부끄러움으로.

─ 집이 생기다

어느 날, 여러 대의 트럭이 지나가는 소리가 들렸다. 사람들은 황급히 숨기에 바빴다. 트럭이 지나갔다 싶던 순간에 다시 차 소리가 들렸다. 몇 대의 트럭이 후진하여 돌아오고 있었다. 모두들 이제는 죽었구나 하고 생각했다. 트럭에서 내린 사람들은 처음 보는 모습이었다.

"하야리아 부대 미군들이더라. 지나가다 누가 우연히 우리를 본 모양이라."

미군은 잔뜩 긴장하여 손에 총을 들고 그들에게 다가왔다.

"영어로 큰 소리로 뭐라 하는 기라. 몇 명이 내려왔는데 저거

끼리 부르는 소리에 마이도 내려오더라. 또 두 명은 계속 큰 소리로 떠들면서 다시 올라가데."

미군들은 한센인들을 보고 입을 다물지 못했다. 미군들과 한센인들은 마주 서서 서로를 바라보았다. 서로 처음 보는 사람의 형상에 놀라기도 하고 긴장도 했다.

"대장인갑더라. 옆에 있는 미군한테 뭐라 하더라."

그 미군은 차에 가서 건빵 박스를 들고 왔다. 미군들은 한센인들에게 건빵을 몇 박스 주었다. 한센인들은 미친 듯이 건빵을 먹었다. 젖배를 곯던 아이에게는 씹어서 입에 넣어주었다. 그들이 건빵을 먹는 동안 미군들은 산을 살피고 다녔다. 바람을 막기 위해 얼기설기 엮어놓은 비료 포대나 거적을 쳐들어보는 그들의 얼굴은 하나같이 믿을 수 없다는 표정이었다. 귀신같은 몰골의 한센인들을 말없이 지켜보다 미군들은 떠나갔다.

"야~, 도깨비한테 홀린 것 같더라. 키는 멀대같이 크제. 코는 왜 그리 뾰족하노. 얼굴은 꼭 밀가루 덮어쓴 것 모양으로 허옇제."

건빵으로 허기를 채운 그들은 미군들의 정체에 대하여 설전을 벌였다. 그날은 그렇게 답을 얻지 못하고 지나갔다. 그들을 한밤에 산속으로 내던지면서 식량을 가져다주겠다던 공무원은 그날도 오지 않았다.

"다음날 아침에 해가 채 안 떴제. 그냥 날이 밝아오는 시간이라."

트럭 소리가 길 위에서 멈추더니, 소란한 소리가 들렸다. 움막에서 나온 한센인들의 눈앞에는 전날의 미군들이 와 있었다. 그들은 수십 명이었다. 미군들은 나무를 옮겨오고, 약상자를 들고오고, 밀가루 포대를 어깨에 메고 산으로 내려왔다. 아무 말도 없이 미군들은 삽을 들고 땅을 고르기 시작했다. 그리고 나무들을 땅에 고정시켰다.

나무틀 위에 천막을 덮었다. 훌륭했다. 그랬다. 너무나 좋은 집이 만들어지고 있었다. 미군들이 간이 천막을 짓고 있는 동안 한센인들은 상처를 소독하고 치료를 받고 붕대를 몇 개씩 받았다. 어제와 달리 같이 온 한국군이 치료를 받는 동안 통역을 해줬다. 처음으로 치료하고 진물에 절은 광목이 아닌 붕대를 감은 손이 남의 손처럼 보였다. 상처를 싸매고 있던 광목은 빨아서 계속

썼기 때문에 넝마가 되어 있었다. 미군들은 구덩이를 파고 그 넝마 조각들을 모아 태웠다.

미군들은 오기 전에 역할을 분담한 듯이 각자 다른 일들을 했다. 천막집을 만드는 팀, 치료를 하는 팀, 주변 나무의 잔가지를 치는 팀, 주변을 소독하고 다니는 팀 등. 한 팀이 땅을 고르면 다른 팀이 그곳에 나무를 이용해 집틀을 만들고 다른 팀은 천막을 씌우고, 그러면 또 다른 팀은 천막집 주변의 나뭇가지를 정리했다.

"척척 하더라. 그 통역관 말이 전날 우리 꼴을 보고 가서 충격을 받았단다. 미군들이 도와야 한다고 부대장한테 말해서 몇 시간 동안 회의를 했단다. 그리고 팀으로 나누어서 일을 맡았다더라."

산에 흐르던 물줄기를 어떻게 막았는지 공동의 웅덩이가 만들어졌다. 그리고 호스가 연결되고 커다란 고무 물통에 그 호스 끝을 연결하여 식수통을 완성했다. 밥을 지어 먹을 수 있는 공동 공간도 만들어졌다. 해가 서산으로 넘어갈 때쯤 일은 마무리되었다. 천막 안에는 땅의 한기가 올라오지 못하게 베니어판이 깔려 있고, 그 밑에는 방수 깔개가 깔려 있었다.

일을 마친 미군들은 한센인들을 가만히 쳐다보았다. 그들의 옷은 땀으로 젖어 있었지만, 얼굴 가득 웃음을 머금고 있었다. 한센인들은 아무 말도 못하고 그들의 얼굴을 정면으로 대하지도 못하고 어정쩡하게 서 있기만 했다. 하루 동안 눈앞에서 벌어진 일들을 이해할 수 없었다. 다른 저의가 있는 건 아닌지 내심 불안했다.

미군들은 한센인들에게 악수를 청했다. 하지만 그 손을 잡는 이는 한 명도 없었다. 미군들은 개의치 않는다는 표정을 지으며 웃었다. 그들이 손을 흔들며 트럭을 타고 떠나가자 비로소 안도의 숨을 쉬었다.

"그때는 누가 우리를 돕는다는 거는 상상도 못했다. 저것들이 이렇게 천막 쳐 놓고 내일 와서 우리를 쫓아내면 우짤 기고."

아무도 믿을 수 없던 시절이었다. 미군들이 가져다 준 밀가루로 수제비를 만들어 배부르게 먹고 잠을 청했던 그날 밤, 한센인들은 잠을 이루지 못했다. 상상도 할 수 없었던 일들이 그들에게 발생했기 때문이었다. 하루 사이에 물이 질척거리는 맨땅이 아니라 보송보송한 베니어판 위에 몸을 누인 것이 꿈만 같았다. 딱딱한 베니어판이었지만, 그들에게는 금침과 다를 바 없었다.

그 다음날에도 미군들이 다시 왔다. 그들은 건빵과 설탕과 밀가루를 또 들고 왔다. 모포도 들고 와 집집마다 넉넉하게 나누어 주었다. 전날 보지 못했던 미군이 두 명 새로 왔다. 통역 군인은 그들이 의사라고 했다. 두 명의 미군은 한센인들을 꼼꼼하게 살폈다. 그리고 약이 주어졌다. 그 약은 예전 집단촌에서 먹던 약보다 양이 적었다.

"나병약이라 하더라. 그 약은 속이 안 아프더라. 다른 영양제도 주더라."

을숙도에서 나온 이후 약을 먹지 못했기 때문에 그들의 병세는 악화되어 있었다. 미군들이 준 약은 위의 통증이 없었다. 몸에서 힘이 빠지고 어지럽던 증세도 없었다. 그날 이후 미군들은 정기적으로 찾아와 주변을 소독하고 밀가루와 통조림을 공급해 주었다. 때때로 건빵도 가져다주었다. 미군들의 도움은 장기적으로 지속되었다.

"좋은 약 먹고 소독하니까 금방 좋아지대."

미군들이 지어 주었던 천막집도 시간이 지나면서 집의 형상을 갖추어 나갔다. 그 집들은 이후 정부에서 특별조치법이 시행되었을 때 그들의 집으로 허가가 났다.

기억 속의 하야리아

할머니는 도움을 주지 않았던 대한민국을 원망하거나 비방하지 않았다. 그렇다고 좋다는 말도 하지 않았다. 하지만 미군에 대해서 말을 할 때에는 얼굴에 화기가 돌며 엷은 미소까지 지었다. 많은 시간이 지났기 때문에 기억 속에서 사라질 만도 하건만 할머니는 마치 어제의 일을 말하는 것마냥 또렷이 기억하고 있었다.

할머니에게는 지금 이 땅에서 벌어지고 있는 반미 감정 따위는 중요하지 않았다. 절체절명의 순간에 나타나 다시 살아갈 수 있도록 도와주었던 50여 년 전의 미군들만 기억되고 있었다. 할머니에게 한미 FTA는 무조건 좋은 것이었다. 왜냐하면 미국과 하는 계약이니까.

"갸들이 우리한테 손해 나게는 안 한다. 우리끼리 싸우는 거제."

할머니에게 기억 속의 미국은 지금의 미국이 아니라고 말할 수 없었다. 미군들이 지나쳐도 될 것을 다시 돌아와 한센인들을 발견하고 오랫동안 도움을 주었던 사실은 부정할 수 없는 사실이었기 때문이다. 사람은 본 것만큼 알고 아는 것만큼 믿는다. 죽음의 문턱에서 잡았던 도움의 손길은 따뜻하고 믿음직하다. 나는 할머니에게 50여 년 전의 하야리아 부대의 미군들 외의 미군들에 대해서 아무 말도 하지 않았다.

미군에 대한 그 기억 한 자락은 "진흙이 떡 반죽 된 가시밭길" 같은 삶의 여정에서 따뜻한 등불이 되어 있었다. 그 누구도 미군을 이야기하며 얼굴에 홍조를 띠고 잠시라도 행복해하는 할머니를 뭐라고 할 수 없으리라. 지금의 우리는 그 당시의 미군들과 달리 한센인들을 거부했던 그 사람들과 다르다고 말할 수도 없었다. "지나간 일이라고, 그때는 우리도 먹고 살기 힘들었다고, 지금은 그때와 다르다"고도 말할 수 없었다.

실제로 사라호 태풍 당시의 신문을 찾아보면 산속에 고립된 한센인들에게 식량을 보급하지 못해 애를 태우고 있다는 기사가 있다. 동네 사람들이 한센인들에게 가는 산의 입구를 가로막고 식량 보급을 차단하여 한센인들이 아사 지경에 이르고 있지만, 대책이 없다는 내용이다. 동네 사람들은 한센인들이 그들의 주거지 부근에 삶의 터전을 마련할까 봐 비상식량마저 보급을 못하게 한다는 것이다.

신문에 기사화된 곳과 할머니가 강제 이주된 곳이 다르지만, 행정 소속이 같은 부산이라는 점을 감안한다면, 할머니와 그 동료들에게 식량을 보급하지 못하여 애를 태운 공무원이 있었을 거라고 믿는다. 그러나 미군들이 한센인들을 도와줄 수 있었다면 대한민국 정부도 할 수 있는 방법이 있지 않았을까 싶다. 모두가 견디기 어려운 시절이었다고 애써 변명해 보지만, 안타까움은 내내 사라지지 않았다.

13장

고향이 없는 사람들

—고난 속의 작은 행복

미군들의 도움은 오랫동안 지속되었다. 그들의 도움으로 주거 공간과 배고픔은 나아졌고, 무엇보다 건강 상태가 좋아졌다. 그러나 또 다른 위기가 다가오고 있었다. 미군들이 자주 왔다가고 집단적인 거주지가 형성되자 인근의 주민들이 한센인들의 존재를 알게 된 것이다. 그들은 시간을 가리지 않고 몰려와 위협하기 시작했다. 한센인들을 밤에 그곳에 내려놓고 간 공무원들은 나타나지 않았다.

할머니는 상기된 표정으로 말했다.

"그 사람들은 우리를 보고 입을 딱 벌리대. 누구 허락받고 예서 사느냐고 난리였다."

지금까지 애써 억제해 오던 할머니의 감정에 작은 파문이 생기고 있었다. 여태껏 볼 수 없었던 결연한 표정은 다가갈 수 없을 정도로 위엄을 뿜고 있었다. 그 위엄은 죽음의 골짜기를 지나온 사람만이 지닐 수 있는 것이라 여겨졌다.

수십 년 전, 더 이상 갈 곳이 없었던 사람들, 세상으로부터 버림당했던 사람들의 분노가 할머니를 휘감고 있는 듯했다. 숨을 들이쉬고 내쉴 때마다 가슴은 눈에 띄게 오르락 내리락 했고, 꼭 쥔 손이 가늘게 떨리고 있었다. 순간 두 번의 백내장 수술로 흐려진 눈동자에서 뿜어져 나오는 광채를 보았다. 그것은 자신의 삶에 대한 애정이었다.

60여 년 전에는 죽음만을 생각했지만, 이제 할머니에게 남은 것은 자신의 삶을 사랑하고자 하는 의지였다.

"입이 있어도 말 못한다. 그 고통을 어찌 다 말로 하노. 사는 기 지옥인데."

지옥과 다를 바 없는 삶은 연약한 한 여인을 강인한 여성으로 변모시키고, 끝없이 이어져 오는 고통은 오히려 삶에 대한 의지를 다지게 했다.

하루도 조용한 날이 없었지만, 한센인들은 순간 순간 온 정성을 다해 숨을 쉬었다. 새벽이면 일어나 하루 종일 온몸으로 거친 땅을 일구었다. 그런 상황에서도 할머니에 대한 할아버지의 사랑은 지극했다. "나는 일을 별로 안 했다. 못하게 하대. 그래도 걱정이 돼서 가모 집에 가 있으라고 난리도 아닌 기라." 자신은 새벽부터 어두워질 때까지 일을 해도 아내는 힘든 일을 하면 안 된다는 마음, 그것은 남편의 사랑이었다.

항상 불안하고 고된 날들이 이어졌지만, 행복도 있었다. 아이는 천진하게 잘 자라 주었다. 가진 것이 없어 잘 입히고 잘 먹이지 못했지만, 아이는 엄마를 따랐다. 비록 다정한 말 한 마디 없는 아내였지만, 이 세상 그 누구보다도 귀하게 여기고 아껴 주는 남편이 있었다. 언젠가는 만날 수 있으리라는 희망으로 가슴에 품고 사는 아들, 승팔이도 있었다.

—한 뼘의 땅

이웃 주민들의 반대는 인근 지역을 넘어 광범위하게 확산되고 있었다. 그들은 미군들이 오지 않는 날이나, 떠나고 난 후에 집단으로 나타났다. 마치 인근에 숨어 있다가 나타나는 것 같았다. 한센인들은 자신을 스스로 보호해야 했다.

"어두워지모 겁나제. 갑자기 덮치모 어짤 끼고."

깊이 잠들지 못하는 밤들이 늘어났다. 시간이 지날수록 불안감은 커졌다. 미군들의 지원이 뜸해지던 때부터 마을 주변을 서성대는 사람들의 수는 눈에 띄게 불어났다. 인근의 주민들뿐만 아니라 멀리에 있는 지역에서도 사람들은 몰려왔다. 심지어 부산의 구포 지역에서 오는 사람도 있었다. 그들의 요구는 오직 한 가지였다. 자신들이 사는 지역 부근에는 얼씬도 하지 말고 멀리 떠나라는 것이었다.

그러나 한센인들도 이제는 더 이상 물러설 곳이 없었다. 산에 버려져서 성하지 않은 손으로 나무 뿌리를 뽑고 돌을 치우고 만든 그들의 집이었기에, 한센인들은 한 걸음도 움직일 수 없었다. 비록 나무에 군용천막과 비닐을 덮은 집이었지만, 그곳은 한센인들의 삶의 터전이었다. 온 손이 피투성이가 되도록 지켜낸 보금자리였다.

어린아이들은 매일 반복되는 위협으로 겁에 질려 있었다. 밤이 되면 남자들은 조를 짜서 부녀자들과 아이들을 지켰다. 넓은 하늘 밑 그 어디에도 한센인들이 맘 편하게 살 수 있는 곳은 없었다. 그곳을 떠나는 순간 그들은 거지가 되어 돌팔매질을 당하며 동냥질을 하든가 어느 후미진 곳에서 이름도 없이 죽어가든가 하는 것 외에는 할 수 있는 게 없었다.

"그날, 맨날 불안했지만, 아이고 참 힘든 날들이제. 누가 막 부르는 기라. 한센인들 중에도 여기를 소문 듣고 나중에 온 사람도 있었는 기라. 그 사람들 중에 누가 외지에 사는 친척이 있었거든. 그 친척이 하얗게 질려 갖고 몰래 안 왔나"

외지에 사는 친척이 다녀간 후 마을은 정적에 쌓였다.

"여게 상동 인근이랑 부산 사람까지 우리 모두 쥑인다고 모인다고 안 하나. 그 많은 사람들을 우리가 어찌 감당하겠노. 우리는 인자 꼼짝 없이 여게서 죽는갑다 했제."

인근 주민들의 요구대로 옮겨간다고 해도 갈 곳이 없을뿐더러 어디를 가도 도망 다니는 건 마찬가지였다.

"누가 그러대. 여기서 죽자고."

할머니의 얼굴 근육이 떨리고 있었다. 나지막한 코끝에 앉은 안경도 가늘게 떨리고 있었다. 한센인과는 이웃해서 살 수 없다는 그들의 논리에는 어떤 타협의 여지도 없었고, 그들에게 타인의 존재는 관심의 대상이 아니었다. 한센인들이 떠나가더라도 비탈진 그곳은 비한센인들의 땅이 될 수 없는 곳이었다. 그들에게 이익이 되는 것은 아무것도 없었다. 그럼에도 성한 이들은 자신들이 병들지 않았다는 이유만으로 한센인들의 터전을 빼앗으려고 했다.

한센인들의 죄명은 "문둥이"다. 시인 한하운은 자신의 시에서 "죄명은 문둥이……/ 이건 참 어처구니없는 벌이올시다."라고 노래한 바 있다. 한센병은 어처구니없는 죄명이며 이해할 수 없는 벌이기에 변호할 길이 없음을 한탄했다. 어처구니없는 죄명을 인정하고, 그냥 그 산속에서 살게 해 달라고 아무리 애원해도 돌아오는 건 살기뿐이었다.

"이리 죽으나 저리 죽으나 죽는 길밖에 없으께 싸우자고 누가 그러대."

누군가의 말에 사람들은 웅성거리기 시작했다. 웅성거림은 시간이 지날수록 함성으로 변해 갔다. 사람들은 모두 집으로 가서 낫이나 호미를 들고 나왔다. 누가 어떻게 하라고 시킨 것도 아니었고, 합의를 한 것도 아니었건만 들 수 있는 무기는 모두 들고 모였다.

"밤이라 캤다. 그날 밤, 그 사람들이 몰려 오모 우리는 꼼짝없이 죽는 기라. 문둥이 죽는 거 한두 번 봤나. 누가 울어주기라도 하나. 문둥이 시체는 제대로 거다(거두어) 주지도 않는다."

죽어서도 서러운 사람들, 주검마저 대우받지 못하는 사람들, 아무도 슬퍼하지 않는 그들만의 죽음을 지나온 사람들이 벼랑 끝으로 몰리고 있었다.

어두워지기 전에 가야 한다고 누군가 말했다. 그들이 몰려오기 전에 우리가 먼저 가야 한다고 했다. 어린아이가 딸린 아녀자만 빼고 남녀노소 모두 손에 낫과 호미를 들고 산속에서 나왔다. 누더기를 걸치고 손과 발에는 진물이 배인 천을 감고 성치 못한 발로 그들은 걸었다. 자신들의 삶을 지키기 위해.

그리고 이겼다. 방심하고 있다가 기습을 당한 사람들은 혼비백산했다. 한센인들이 죽기를 각오하고 다가가면 그들은 주춤거리며 뒷걸음질을 했다. 그러다가 잠시 틈을 주면 공격해 왔다.

"그냥 휘둘렀다. 죽는 거밖에 더 있나. 우리는 죽을라꼬 덤비고 그 사람들은 살라꼬 덤볐제."

죽기를 각오한 사람을 이길 수 있는 사람이 있을까.

___새로운 고향

그렇게 그들은 자신들의 생명을 담보로 지금의 터전을 지켰다. 그렇게 서로 치열하게 싸웠지만, 시간이 지나자 이웃이 되었다.

"모내기 철이 되모 서로 일손이 부족한 기라. 우리 중에서 병이 덜한 사람들이 가서 마이 도왔다. 처음에는 싫어해도 나중에는 와서 도와 달라고 하는 기라."

때로는 이웃 마을의 사람이 와서 성하지 않은 손으로는 하기 힘든 일을 돕기도 했다.

할머니와 마을 사람들은 주로 닭과 돼지를 키웠다. "닭은 알도 팔고 똥도 팔았다." 닭똥을 모아서 밭 여기저기에 널어서 말린 뒤, 자루에 넣어 보관했다가 외부에서 오는 사람들에게 팔았다. 이익금은 일한 만큼 나누어 받았다. 일은 중노동이었다. 성한 사람보다 몇 시간은 먼저 일어나야 했고, 몇 시간 후에 자야 했다. 그렇게 해도 살아가기에는 힘든 나날들이었다. 성한 사람들이 서너 시간이면 끝날 일을 그들은 하루 종일 했다.

"아이고 말도 못한다. 아침에 자고 나면 닭 밥 주고, 또 한 이틀마다 똥 치운다. 똥 치우는 날이 그중 고되다."

일보다 더 힘들었던 것은 또 언제든지 쫓겨날 수 있다는 불안감이었다. 그들은 백방으로 다니며 자신들의 처지를 하소연했다. 험한 산을 일구어 밭으로 만들고, 밭도 만들 수 없는 곳에서는 돼지와 닭을 키우며 살고 있는 그 땅이, 자신들의 삶의 터전임을 알아달라고 관청을 셀 수 없이 드나들었다. 관계기관에 갈 때마다 차를 탈 수 없어 걷고 또 걸어서 갔다. 간간이 다니는 버스는 텅빈 채 가도 그들을 태워주지 않았다. 지나가는 수레도 얻어 탈 수가 없었다.

그래도 그들은 가야 했다. 가서 그들의 절박한 사정을 알리고,

아이들을 키우고 삶을 이어가야 했다. 그러나 그 어느 누구도 그들의 하소연을 귀담아 들어주지 않았다. 와서는 안 될 사람들이 왔다는 내색을 노골적으로 했다. 돌아서기도 전에 소금을 먼저 가져와서 그들의 뒤에 뿌렸다. 비한센인들에게 한센인들은 소금을 뿌려야 하는 액(厄)이었다.

그 어느 누구도 한센병을 원하지 않았다. 당시에는 치료약도 없이 온몸이 종기로 뒤덮이고, 얼굴이 변하는 병이었지만, 병에 걸린 것이 그들의 잘못은 아니었다. 그럼에도 한센인들은 마치 죄인마냥 얼굴을 가리고 다녀야 했다. 할머니의 이야기를 들으며, 불현듯 잊고 있었던 사람이 생각났다.

그 사람은 이름이 없었다. 언제나 검은색 옷을 입고 얼굴을 반쯤 가린 채 저녁 무렵에 나타났다. 말없이 우리 집으로 들어와 마당을 가로질러 뒤뜰에서 장작을 패 주었다. 키가 크고 마른 몸이었는데, 그 아저씨는 손에 때 묻은 흰색 천을 감고 있었다. 장작을 다 패고 나면 할머니나 어머니가 차려주는 밥상을 받아 마당 한쪽 구석에 앉아 먹었다. 그러고는 기운 자국이 있는 바가지에 밥과 반찬을 담아 갔다. 그러다 어느 날 보이지 않았지만, 아무도 찾지 않았던 것으로 기억한다.

6·25가 끝난 후, 홀연히 우리 동네에 들어와 산 밑 움막에서 혼자 기거하는 아저씨였다. 가족이 있었지만 헤어졌고, 한센병에

걸려 동네에 들어와 살 수 없었다는 것이 내가 아는 사실의 전부였다. 어렸을 적, 막연하게 그 아저씨는 참 좋은 사람이라는 기억을 가지고 있었다. 아저씨는 절대로 공짜 밥을 먹지 않는다고, 아무리 하지 말라고 해도 장작을 패거나 하다못해 마당이라도 쓸어주고 간다고 어머니는 혀를 차셨다.

할머니의 이야기를 들으며 어린 시절의 그 아저씨가 생각난 이유는 무엇일까? 낯선 섬에까지 와서 10여 년을 넘게 살면서도 자신의 땅 한 뼘 가지지 못하고, 자신의 삶의 내력을 밝히지 않으며, 얻어먹고 살지언정 자존감을 잃지 않았던 그 아저씨의 모습이 새삼스럽게 아픔이 되는 건 무슨 연유일까? 이름이 없었던 것이 아니라 아무도 알려고 하지 않았던 게 아니었을까?

고향을 떠나 가족과 함께 살지 못하고 버려진 사람들에게 목숨을 걸고 일구는 땅은 고향 이상이었다. 할머니와 마을 사람들이 그토록 자신들의 이름으로 된 땅을 가지고 싶은 이유가 살고 있는 그곳이 바로 고향이기 때문이다. 많은 사람들은 한센병을 천형(天刑)이라고 한다. 하늘도 버린 사람들이라는 인식은 오히려 한센인들이 살아야 하는 이유이기도 했다. 하늘마저 버렸기에 그들은 스스로 사랑하고 스스로 살아야 했던 것이다. 그래서 그들에게는 더 이상 부평초처럼 떠돌지 않도록 두 발을 붙이고 있을 고향이 필요했다.

고향을 떠나 타향살이에 돌고 도니

부평 같은 신세가 되어

어언간 60여 년이 되었구나.

세월은 빨라 유수와 같으니

내 청춘은 흘러흘러

머리에는 벌써 백발이 휘날리네.

—「고향」의 부분

할머니의 머리칼은 백발이 되고 있었다. 뽀글뽀글 파머를 한 사이사이로 백발이 제 모습을 드러내고 있었다. 소금을 바가지 채로 뒤집어쓰며, 산길을 걷고 또 걸어 탄원을 했지만, 자신들의 땅을 가지는 것은 불가능해 보였다. 그러나 그들에게도 기적이 왔다. 마치 소리 없이 나무그림자가 땡볕을 막아주듯이 그렇게 기적이 왔다.

"대통령이 특별조치법을 내린 기라. 박정희 대통령이 그랬제. 그때 우리 한센인들이 사는 땅을 우리 거로 해주라는 특별 명령이 있었는 기라. 윤두관 원장 힘이 컸대이. 윤 원장이 있어서 육 여사가 소록도에도 가고, 우리 손도 잡아주고, 그라께 대통령도 우리를 알고 특별조치법에 우리를 넣었다 아이가."

그래서 할머니와 마을 사람들은 고향을 가지게 되었다. 그 고향에서 나는 할머니를 만나고 있다.

제3부

삶의
자유를
위하여

14장

또다시 찾아온 이별

──딸을 보내다

세월은 빨리 가라고 재촉하지 않아도 잰걸음으로 가고 있었다. 봄, 여름, 가을, 겨울이 지나고 봄이 다시 오기를 몇 번 되풀이하자 험하고 삭막하기만 하던 산이 사람들을 품어 주었다. 그들이 사는 산속 마을에도 햇살이 찾아와 주었고 바람도 놀러 와 주었다. 다람쥐들은 도토리를 나누어 주었고, 새들은 음악을 들려주었다.

폭풍 같은 시간들이 지나고 생활이 안정되자 새로운 문제가 생겼다. 사람이 사는 곳에 문제가 없을 리 없겠지만, 할머니에게 다가온 문제는 깊이 묻어 두었던 상처를 꺼내는 것이기도 했다.

죽음의 길을 가는 엄마를 끝없는 울음소리로 돌려 세웠던 그 딸을 이제는 할머니 스스로 떠나보내야 했다.

살리기 위해 아들을 떠나보냈는데, 이제 사람답게 살아가라고 딸을 보내야 했다. 딸이 자라 학교에 들어가면서부터 걱정은 시작되었다. 딸은 소위 말하는 '미감아'였다. 예쁘고 영리했지만 아이를 따라다니는 꼬리표는 절대로 떨어지지 않을 것임을 할머니는 알고 있었다. 자라면서 말이 없어지고 침울해지는 아이를 보면서 할머니는 다시 이를 악물었다.

어머니이기 때문에 결단을 내려야만 했다. 밤이 오면 마당을 나와 밤이 새도록 서성거렸다. 달빛에 마음이 아리고 가슴 깊은 곳에서 까닭모를 설움이 올라왔다. 아이를 학교에 보내고 나면 뒷모습이 보이지 않을 때까지 그 자리에 서 있기도 했다. 그때마다 살아가는 유일한 희망이지만, 그 희망을 모질게 끊어야 한다고 다짐하고 또 다짐했다.

"울산에 있는 저거 큰아부지한테 보내기로 했다. 큰엄마도 보내라 카대. 데리고 있으모 안 된다고……."

딸아이는 큰아버지 집으로 간다는 말에 그렇게 좋아할 수가 없었다.

"어린 마음에도 알았던 게지. 지가 여기 있으모 어떤 소리를 듣는지."

단순하게 거주지를 옮기고 학교를 옮긴다고 '미감아'라는 꼬리표를 뗄 수 있는 것은 아니었다. 할머니와 할아버지는 몇 날 며칠을 서로 말없이 얼굴을 외면했다. 먼저 말을 꺼내지 못해 서로 눈치만 보고 있었다. 두 사람은 알고 있었다. 아이를 영원히 보내야 한다는 것을. 그 사실을 알고 있으면서도 차마 입 밖으로 낼 수가 없었다. 그렇게 또 한 해가 넘어가고 있었다. 아이는 곧 4학년이 될 것이다.

___그림자로 남은 엄마의 자리

"4학년 올라가기 직전에 갔다."

할머니는 창밖을 바라보며 마치 지나가는 사람을 향해 툭 내던지듯이 말했다. 아이는 울지도 않고 큰아버지 손을 잡고 갔다.

"호적도 파 줬다."

딸은 그날 이후 법적으로는 할머니의 딸이 아니라 조카가 되었다. 아이를 보내고 난 후 할머니는 덧나는 상처를 어떻게 할 수가 없었다.

한센병이 찾아온 이후로 할머니는 할 수 있는 일보다 할 수 없는 일이 더 많았지만, 자식을 보내야 하는 것만큼 힘든 일은 없었다. 이제는 만나도 얼굴을 알아볼 수 없을 승팔이에 대한 그리움과 먹고 살 수 있는데도 보내야 하는 딸에 대한 애잔함이 할머니를 깊은 절망의 늪으로 끌고 갔다.

분명히 나의 일인데 내가 아무것도 할 수 없을 때, 어떻게 살아나가야 할지 도무지 길이 보이지 않을 때 어떻게 해야 할까. 할머니는 그냥 가만히 있었다.

"우짤 기고. 내가 뭐를 할 수 있겠노. 그냥 숨만 쉬었제."

그런 할머니를 할아버지는 위로하고 따뜻하게 품어 주었다. 가까이 있으니 만날 수 있다고, 여기서 사는 것보다 훨씬 잘 되었다고, 그렇게 도닥거려 주었다.

할머니도 이제는 죽음을 생각하지 않았다. 악착같이 살아야 하는 이유가 있기 때문이다. 그러나 마음 깊이 묻어 둔 그리움은 차마 입 밖으로 낼 수가 없었다. 그립다 말이라도 하면 좀 나아지겠지만, 그 말도 해서는 안 되는 것이었다. 골목길을 뛰어 나올 때 등 뒤에 들리던 승팔이의 울음소리만 귓가를 떠나지 않았다.

그 울음소리를 떨쳐내기 위해 아침부터 저녁까지 일을 했다. 닭모이를 주고 똥을 널어 말리고, 계란을 모았다. 돼지우리를 밤낮 없이 치우고 또 치웠다. 잠시 허리를 펴고 하늘을 보면 새파랗게 날이 선 서러움이 밀려와 눈물이 흘렀다. 그 옛날처럼 말도 못하고 우는 게 아니라 아이가 보고 싶어 운다고 말할 수 있어서 울고 또 울었다.

딸은 방학이 되면 엄마를 찾아와 주었다. 중학교를 졸업하고 고등학교를 다니면서 뜸해졌지만, 엄마에 대한 연민과 사랑의 끈을 놓은 적은 없었다. 한 남자를 만나 결혼을 할 때, 이제는 딸이 울었다. 딸의 부모는 더 이상 할아버지 할머니가 아니었다. 딸이 엄마의 품을 떠나던 초등학교 4학년부터 지금까지 할머니는 그림자가 된 엄마였다.

딸이 떠난 빈자리를 채워준 것은 작은딸이었다. 우연히 마을에 들어온 작은 여자 아이가 갈 곳이 없다는 사실을 알고 할머니는 작은딸로 받아들였다. 작은딸은 할머니 곁에서 성장하고 결혼했다. 그리고 작은사위와 함께 수시로 찾아와 할머니를 돌보아 드린다. 가슴으로 낳은 딸이기에 때로는 더 측은하고 애틋하다. 작은딸과 달리 마음대로 올 수 없는 딸은 전화로 자주 안부를 묻는다.

"거의 매일 전화가 온다. 엄마 밥은 묵었나, 몸은 어떻노. 맨날 묻는다."

딸은 오더라도 머물지 못하고 오전에 왔다가 오후에 돌아가지만, 60을 바라보는 나이에도 홀로 계신 할머니를 틈틈이 돌보고 있었다.

"우리 큰사위는 나 모른다. 알모 안 되제."

손자와 손녀가 장성하자 딸은 자신의 어머니를 알렸다. 성인이 되어 비로소 알게 된 외할머니를 손자 손녀는 방학 때마다 찾아와 주었다. 그리고 옆에서 자고 가기도 한다.

___가을을 앞에 두고

아무리 깊은 상처라도, 크고 무거운 삶의 고통일지라도 시간 앞에서는 힘을 잃는다. 할머니 곁에서 손을 잡아주던 할아버지도 떠나고 없다. 나란히 붙어서 문으로 연결되는 작은 방 두 개와 부엌, 그리고 옆으로 연결해 만든 목욕탕이 할머니의 공간이다. 마당 끝에 서 있는 간이용 화장실을 볼 때마다 할머니의 외로움은 끝나지 않았다는 생각이 들었다.

담이 없는 집의 마당 끝에는 풀이 무성하게 자라고 있었다. 마당에 서면 많은 차들이 고속도로 위를 끝없이 달리고 있는 것이 보였다. 풀이 무성하게 자란 그 어디쯤에서 할머니는 닭과 돼지를 길렀다.

"저 고속도로가 난다고 팔아라 하는데, 팔아야지. 그때 다 보상을 잘 받았다."

땅을 보상받고 국가에 내어준 뒤 처음으로 노동으로부터 자유로워졌다.

할머니와 함께 한 시간들이 여름을 지나고 가을을 지나 겨울로 다가가고 있었다. 무성한 풀들은 쌀쌀한 날씨에도 고개를 숙이지 않고 있었다. 할머니는 처음 쓴 시에 "풀에 벌레들"의 울음소리에 잠을 이루지 못하는 아픔을 토로했었다. 방문을 열어 놓으니 제법 차가운 바람이 들어왔지만, 할머니와 나는 이불 밑에 몸을 반쯤 숨기고 저 멀리에서 달리는 차를 바라보았다.

"차가 많제?"

"네, 참 많이 다니네요. 밤에 안 시끄러우세요?"

"왜에에에, 아이고 큰 차가 지나가모 멀리서도 시끄럽제. 차가
저리 마이 다닐 끼라고 누가 알았겠노."

"하늘이 맑제? 파랗나?"

"네, 진짜 가을이네요. 나가보실래요?"

백내장으로 흐릿한 눈동자를 반짝이며, 할머니는 처음으로 어
린 시절 살던 동네에 대해 말해 주었다.

가을 하늘은 푸르고 맑기만 하더라.

산천초목에는 붉은 물 든 단풍들이

장관이더라.

한 고개 내려와 보니

은행나무 잎에는

노리고도 노란 색깔 위에

황금빛을 나타내며

흐르는 잎마다 주워서 책 속에 넣던

옛 추억이 떠오르네.

뒤돌아보니 금수화꽃은

우리 한반도 지도처럼

차분하게도 피어 있더라.

온 들에서는 코스모스가 피었고

길에도 피어 색색가지로

자기를 나타내며

뽐을 내고 웃고 있는 그 모습이

교만해 보이더라.

뒷동산에 올라가서 보니

고목나무에서는 주먹만한 밤송이가

이 구석에서 쿵 저 구석에서 쿵

떨어지는 알밤이

우리 맘의 욕심을 나타내더라.

시골길을 내려오니

돌담 사이사이마다

감나무 나란히 서서 가을 햇빛에

무르익은 붉은 색을 나타내고

감홍시 주렁주렁 매달려

보는 이로 하여금

탐스럽기도 하고 먹음직하기도 하고

우리의 맘을 끌고 있네.

고적지 담장 위로 돌아오니

벌써 시간은 황혼이었고

해는 서산으로 기울이며

오동나무에서는 오동잎이 한 잎 두 잎

떨어져서 뒹굴 때마다

내 마음이 슬퍼지고 외로워져

옛 추억이 떠오르네.

눈에 고인 눈물이 볼 위에

주렁주렁 흐르면

이것이 가을의 계절인가

으악새도 슬피 울고 있네.

—「가을」의 전문

__고통의 강을 건너

　기억 속의 가을은 풍성하고 아름다운 시간이었다. 고향은 어
디를 가도 꽃이 피어 있었고, 가을이 되면 밤송이가 툭툭 떨어지

고 감이 붉게 익어 가지 끝에 매달려 있던 곳이었다. 마쓰시타를 만나고 한센병이 찾아와 절망의 나락으로 떨어지던 곳도 고향이었다. 승팔이를 낳아 떠나보내고 돌아왔던 곳도, 어머니를 한스럽게 묻었던 곳도 고향이었다.

떨어지는 나뭇잎을 보고 있으면, 그 많은 시간의 강을 건너 어김없이 찾아오는 것도 고향에 대한 기억들이다. 그러나 이제 그 고향은 더 이상 가슴 아프고 참담하던 곳이 아니다. 시를 한 행 한 행 들려주는 할머니의 얼굴은 평화롭고 따뜻했다. 생각에 잠긴 채 엷은 미소를 띠고 천천히 들려주었다.

"니도 감꽃 갖고 목걸이 만든 적 있나?"

"그럼요. 제가 그 목걸이를 얼마나 좋아했는데요. 하얗고 향기도 좋고, 혼자 만들어서 목에 걸고 다녔죠."

"나도 그랬다. 바늘에 실 꿰갖고 꽃잎을 연결한다. 그렇제? 하고 나모 손끝에서 감꽃 향기가 안 없어진다. 니도 그렇더나?"

할머니와 나는 시공을 뛰어넘어 어린 시절의 공통된 기억을 찾아냈다. 그것은 감꽃 목걸이다. 여름을 앞둔 어느 날, 할머니와 나는 커다란 감나무 밑에 떨어져 있는 감꽃을 줍거나, 장독대 위를 하얗게 덮고 있는 감꽃을 한 손 가득 쥐고 와서 그늘에 앉아 감꽃 목걸이를 만들었다. 생각만으로도 행복했다.

　어느 사이엔가 할머니의 기억은 고통의 강을 건너 유년의 행복으로 흐르고 있었다.

15장

내 안의 나를 만나러 가는 길

___ 한 마리의 귀뚜라미

날씨는 점점 차가워지고 있었다. 한낮이라도 웃옷을 걸치지 않으면 서늘함이 느껴지는 계절인데, 할머니의 방문 앞에 귀뚜라미가 한 마리 앉아 있었다. 언제부터 있었는지 알 수 없으나 꼼짝을 하지 않는다. 가까이 다가가 마루를 손으로 살짝 두드려도 미동조차 없었다. 나는 그날 아픈 아이를 혼자 집에 두고 할머니를 찾아갔기 때문인지 그 귀뚜라미 한 마리가 예사롭게 보이지 않았다. 인기척을 느낀 할머니가 문을 열었다.

"김 선생이가? 안 들어오고 그서 뭐하노?"

"귀뚜라미가 꼼짝을 안 하네요. 얼어 죽었을까요?"

나의 물음에 할머니는 크게 웃었다. 지금까지 듣지 못했던 처음 듣는 웃음소리였다. 언제나 소리 없이 얼굴만 웃었는데, 그날은 크게 웃었다. 하지만 공기를 가볍게 날리는 웃음소리가 아니라 내 주변의 공기들을 무겁게 가라앉히는 웃음이었다.

"어젯밤에 그리 울더라. 그런데 니는 보이나? 나는 안 보여서 어디 간 줄 알았네. 인자 앞도 잘 안 보인다."

할머니는 백내장으로 시야가 맑지 못하다. 밤새 울던 귀뚜라미가 방문 앞 마루에 있었지만, 보지 못했다는 사실에 할머니는 그렇게 큰 소리로 웃었던 것이다. 눈 앞에 있는 사물을 볼 수 없는 날이 올 때, 나도 그렇게 큰 소리로 웃을 수 있을까?

감기는 낫지 않고 있는데 날씨가 계속 추워지자 할머니의 눈에는 눈곱이 떨어지는 날이 없는 듯이 보였다. 그날따라 할머니의 눈에는 커다란 눈곱이 매달려 있었지만, 그마저도 전혀 감각을 못 느끼고 있었다. 나환자들의 친구로 불리는 폴 브랜드(Paul Brand, 1914~2003)는 고통을 신이 준 선물이라고 했다. 폴은 오랫동안 한센인들을 돌보고 치료하면서, 고통을 느끼지 못하여 병이 깊어지는 줄도 모르는 그들을 보며 고통이 얼마나 큰 선물인가를 알게 되었다고 한다.

그러나 고통이 꼭 몸의 감각에 의해서만 오는 것은 아니다. 몸의 고통을 느끼지 못하기 때문에 그들이 견뎌야 하는 마음의 고통은 감히 이해한다고 말할 수 없을 것이다. 갑자기 추워지는 날씨 탓인지 그날따라 할머니의 모습에서 생명의 기운을 느낄 수가 없었다. 나날이 쇠약해지는 모습을 보고 있으니 내 마음 깊은 곳에서 바늘에 찔리는 것과 같은 아픔이 밀려왔다.

___고향의 가을

잠시 침묵이 흘렀다. 할머니는 할머니대로, 나는 나대로 각자의 상념에 잠겨 말없이 앉아 있었다. 침묵을 깬 것은 할머니였다.

"김 선생, 집에 뭔 일 있나?"
"아뇨"
"왜 말이 없노?"

나는 할머니에게 당신 때문에 내 마음이 너무 아파서 말을 할 수 없노라고 큰 소리로 외치고 싶었다. 이상하게 당신의 고통이 나에게로 옮겨와 내가 너무 아프다고 말하고 싶었다. 그리고 매주 당신을 마주하고 앉는 이 시간이 이제 너무 힘들다고 투정부리고 싶었다.

하지만, 나는 나를 속였다. 웃으면서 "가을이 오니 심란하네요." 하며 가을 탓으로 돌렸다.

"하이구, 니도 가을 타나?"

"왜요? 저도 여자인데요."

우리 둘은 쿡쿡거리며 웃었다. 그렇다. 할머니도 여자고 나도 여자이다. 이 세상 모든 여자가 마음속에 비밀 하나씩은 가지고 있는지도 모른다. 그 비밀이 불쑥불쑥 밖으로 나오려고 하면 수다스러워지거나 말이 없어지는지도 모른다.

"어머니, 제가 어릴 적에요, 나무가 요술을 부리는 줄 알았어요."

"왜? 나무가 니보고 뭐라카더나?"

"그게 아니고, 나뭇잎이 색깔이 변하잖아요. 그것도 이상한데 어떤 것은 빨갛고 어떤 것은 노랗긴 한데 안 예쁜 것도 있고, 신기하잖아요."

"니는 그런 것도 아직 기억하나? 나는 그런 기억이 없다."

"옛날에는 기억이 다문다문 남아 있었던 것 같은데, 인자는 어릴 때는 없고 그냥 한 덩어리로 기억이 남아 있다."

가을 하늘은 푸르고 맑기만 하더라
산천초목에는 붉은 물 든 단풍들이
장관이더라.
한 고개 내려와 보니
은행나무 잎에는
노리고도 노란 색깔 위에
황금빛을 나타내며
흐르는 잎마다 주워서 책 속에 넣던
옛 추억이 떠오르네.
뒤돌아보니 금수화꽃은
우리 한반도 지도처럼
차분하게도 피어 있더라.
온 들에서는 코스모스가 피었고
길에도 피어 색색가지로

자기를 나타내며

뽐을 내고 웃고 있는 그 모습이

교만해 보이더라.

―「가을」의 부분

   할머니가 다니던 초등학교는 유난히 나무가 많고 꽃이 많았다. 계단을 한 칸씩 내려올 때마다 나무가 다르게 보였다. 초등학생이었을 때 할머니는 그 풍경이 좋아서 계단마다 서서 나무들을 둘러보았다. 때로는 계단을 오르내리기도 했다. 학교는 배움터이자 놀이터였다.

   "다리 아픈 줄도 몰랐다. 얼마나 좋은지 심심하면 계단에 갔제."

   할머니 기억 속의 고향 가을은 황금빛이었다. 황금빛 은행나무, 나지막이 피어 있는 금수화(금당화) 등은 많은 시간이 지나도 할머니의 기억 속에서 빛을 내고 있었다. 자연의 시간이 아무리 흘러도 그 시간의 영향을 받지 않는 기억이 있다. 시간의 벽 속에 갇혀 원래의 모습 그대로 기억되어 있는데, 할머니에게 고향의 가을은 변하지 않는 그런 기억 중의 하나였다.

이러한 기억들은 잊혀지지 않고 그대로 지속되어 현재의 삶에 문제를 일으키거나, 아니면 삶의 문제를 풀어줄 수 있는 해결의 열쇠가 되기도 한다. 마쓰시타, 어머니 그리고 아들에 대한 기억이 할머니의 삶을 고통 속에 빠지게 했다면, 어린 시절의 고향에 대한 기억은 할머니에게 삶의 휴식을 주고 있었다.

─고통의 강을 건너

처음 썼던 시에서 자연은 과거의 기억을 떠올려 "이 밤도 뒹굴며/ 몸부림칠 때/ 눈물이 강이 되어/ 잠을 이루지 못하"게 했다면, 시 「가을」에서 자연은 할머니에게 행복했던 시간을 되돌려주고 있었다. "꽃도 많고……. 가을이 되어도 코스모스는 있는 기라." 60여 년 전에 피었던 코스모스는 할머니 집 마당 앞 공터에도 피어 있다. 그러나 할머니에게 코스모스는 같은 코스모스가 아니다.

우리가 살아가면서 마주치게 되는 문제들은 시간이 흐르면 잊혀지거나 그 의미가 퇴색한다. 그러나 아무리 많은 시간이 흘러도 변하지 않는 기억이 있다면 그 기억은 고통이 되거나 행복이 된다. 할머니에게 기억은 고통이자 행복이기도 했다. 우리에게 기억이 없다면 삶은 어떤 양상을 지닐까?

살아가면서 생활의 규칙이나 법은 그대로 지키면 되지만 마음은 지킨다고 지켜지는 게 아니다. 잊고 싶어도 잊혀지지 않고 오히려 시간이 지날수록 기억은 또렷하게 각인되어 현재의 삶을 고통 속에 머무르게 한다. 마음이란 그런 것이다. 내 마음이지만 내가 다스릴 수 없고, 자꾸 떠오르는 기억을 지울 수도 없다.

잃어버린 것, 가지고 싶었지만 가질 수 없었던 것을 생각하며 마음이 슬퍼할 때, 나에게 남겨진 것을 생각하고 기뻐할 수 있다면 상처나 고통 같은 단어는 없어지겠지만, 현실은 그렇지 않다. 우리는 현재 남겨진 것보다 잃어버린 것에 대해 더 많이 생각한다. 그럼에도 현재의 불행과 나의 고통을 인정하고 그것들의 면면을 들여다볼 때 고통과 슬픔의 실체를 바로 볼 수 있게 된다. 진정한 부정이란 이런 것이다.

그러나 진정한 부정의 의미를 찾는다는 것은 매우 어려운 과제이며 그 과정은 험난하다. 혼란과 고통의 바다에서 스스로 삶의 중심을 잡고 희망의 키를 돌려야 하지만, 당장 살아나가야 하는 시간들은 눈앞에 있고, 해야 할 일은 너무나 많다. 할머니의 삶도 이와 다르지 않았다. 몸으로 낳은 두 아이를 떠나보내야 했고, 그 아이들을 생각하며 딸 하나를 가슴으로 낳아 키웠다.

눈을 뜨면 새벽부터 어두워질 때까지 돼지우리를 치우고 닭을 기르며 계란을 팔아 생을 이어갔다. 아무도 상처 주지 않았지만 삶 자체가 상처가 되는 시간들이었다. 누구에게나 상처받지 않을 권리가 있지만, 스스로 받는 상처는 아무에게도 말할 수 없는 것들이었다. 침묵의 시간이 길어질수록 상처는 더 깊이 파고들어 어둠 속으로 숨어들었다.

그런데 자신의 모든 것을 상실한 채 휘몰아치는 시간의 강을 건너 할머니는 이제 어린 시절 뛰어놀던 고향의 자연으로부터 쉼터를 발견하고 있었다. 아홉 번째 시에서 할머니는 비로소 행복했던 유년의 시간을 찾고 있었다. 할머니는 혼란과 고통의 한가운데에서 자신이 누구였는지에 대해 물음을 던지고 있었다.

──유년의 기억 속으로

내가 누구인지 스스로 묻고 그에 대한 답을 찾아가는 길이 낯설고 힘들지라도 자신을 오랜 시간 동안 어둠속에 가두었던 고통과 상처의 얼굴을 마주 볼 수 있다면, 오히려 그 얼굴에서 위안을 받을 수 있다. 자신의 모습이 고통받는 타자의 얼굴에서 어디선가 본 듯한 얼굴로 다가올 때, 상실했던 자신과 이야기를 나눌 수 있게 되는 것이다. 할머니는 지금 잊고 있었던 유년의 기억을 통하여 어둠 속에 갇혀 있던 또 다른 자기에게 손을 내밀고 있었다.

운동장 옆에는

전부 벚꽃나무가 줄을 서서

너무나도 아름답더라.

친구들과 사진 찍던

그 추억이 떠오르며

선생님과 기념촬영도 했건만

모교가 잊혀지지 않고

사무치도록, 꿈속에서도 그리워지네.

— 「고향」의 부분

이제 할머니가 그리워하는 대상은 병과 타인의 질시 같은 오염된 기억이 아니라 순수하고 맑은 유년의 기억이었다. 고통과 상처는 우리가 결코 약하지 않다는 것을 알려주지만, 한편으로는 우리들의 오만과 교만을 일깨워주기도 한다. 우리는 고통으로 아파하고 잃어버린 것으로 절망한다. 그러나 고통과 상실로 다시 일어서기도 한다. 고통은 고통을 경험한 사람이 가장 잘 알 수 있기 때문이다.

고통은 우리들의 삶을 변화시킨다. 고통은 철저하게 개인적인 것이므로 마치 가뭄에 뿌리가 타들어가는 아픔을 이기고 싹을 틔우는 잡초처럼 우리를 강하게 단련시킨다. 할머니는 사랑하는 사람을 잃고 아들을 떠나보내고 어머니를 여의는 고통과 슬픔의 강을 건너 진정한 자신의 모습을 찾아가는 첫발을 디디고 있었다.

16장

푸른 하늘 밑에는 내 살던 집이 있겠지

___오래된 풍경

기억 속의 풍경은 원색보다는 무채색에 가깝다. 아주 오래된 시간 속의 풍경이 원색으로 재현된다는 것은 그 기억이 그만큼 강렬하다는 의미일 것이다. 색깔만이 아니라 어떤 소리, 어떤 풍경은 아무리 많은 시간이 지나도 퇴색되지 않고 점점 더 뚜렷하게 기억으로부터 떠오른다.

나에게 지금까지도 기억되는 시간은 유년이다. 초등학교 저학년 시절의 교실 옆에는 작은 연못이 있었다. 그 연못 주변에는 가지가 늘어져 땅에 닿는 버드나무가 있었다. 버드나무 잎은 처음에 연한 노랑을 띤 연둣빛에서 점점 초록으로 물들어 갔다. 연못에 잠긴 버드나무 잎을 보는 내내 나는 시간의 제약에서 벗어나 있었다.

중학교에 입학하여 매일 걸어 다니는 등굣길에서 이른 아침에 만나던 초록빛 군무는 가끔 꿈에서도 만난다. 보리가 익기 전, 바람 따라 춤을 추던 보리들은 초록빛 바다였고, 나는 그 초록빛 군무에 넋을 잃고 서 있곤 했다. 마치 바람마저 초록빛이 되어 그 바람 속에 서 있는 나는 투명한 초록빛이 되어 공중으로 날아오르는 착각에 빠졌다.

나이 들어가면서 힘들거나 분노를 느낄 때 어린 시절의 그 기억들은 나의 마음을 평화롭게 가라앉혀 주었다. '그래, 그런 시절이 있었지. 그땐 참 행복했지.'라는 생각에 젖어들고, 세상은 그래도 살 만하고 나는 살아야 할 의미가 있는 가치로운 존재라는 느낌이 들었다. 나에게도 행복했던 시간이 있었고, 그 행복에는 이유가 없었다는 사실을 알게 되는 순간 나는 또 다른 행복감을 느꼈다.

유년의 시간은 그런 것이다. 시인 김춘수도 유년의 기억을 천사와 함께 하고 있다. 남녀의 구별이 없고 선과 악의 구별이 없는 시간, 그 시간이 천사와 같은 유년이 아닐까. 노자가 말하는 무위의 시간, 본성과 자연에 충실한 시간이 유년이 아닐까. 따라서 유년은 순수 그 자체일지 모른다. 유년은 온전함 그 자체일지 모른다.

시인 천상병(千祥炳, 1930~1993)은 '뼈와 살을 태우던' 고통의 기억을 어린아이와 같은 순진함으로 지워낸다. 천상병의 초기 시는 매우 어렵고 형이상학적인 면이 있지만, 고통의 시간 이후에 쓴 시들은 점점 후기로 갈수록 어린아이처럼 기교가 없어진 단순·간결한 미를 지닌다. 천상병의 아내 목순옥은 약을 먹기 때문에 단순해진다고 말했다지만, 천상병은 본성에 충실하고 자연에 가까웠던 어린아이와 같은 마음으로 그의 고통을 스스로 치유했다고 본다.

어떤 인위성도 없고 강압적인 힘도 없던 그 시절이 유년이기 때문에 어른이 되어 본성과 자연성을 하나씩 상실해 갈 때마다 유년의 기억도 하나씩 깊은 무의식의 세계에 가라앉는 것이리라. 그러다 지극한 고통의 시간이 지나고 그 시간의 끝에서 나를 바라볼 때 유년의 기억은 마치 거짓말처럼 하나씩 떠오르는 것이 아닐까.

___고향을 노래하다

시간이 지나면서 할머니의 시는 유년의 기억으로 가고 있었다.

고향을 떠나 타향살이에 돌고 도니

부평 같은 신세가 되어

어언간 60여 년이 되었구나.

세월은 빨라 유수와 같으니

내 청춘은 흘러흘러

머리에는 벌써 백발이 휘날리네.

아, 고향에 가고 싶다

보고 싶기도 하다

못 가는 신세가 되었으니

저 푸른 하늘 밑에는

내 고향 내 살던 집이 있겠지.

집 옆에서는 올해에도 살구나무에

활짝 핀 살구꽃이 피었겠지

마당 뒤에 있는 감나무에서

감꽃이 떨어지면

바가지로 주워담아

실로 꿰어서 목에 걸던

그 어린 시절이 그립구나

장독 뒤에는 목단꽃이

활짝 피어 그 옆에는 나리꽃이

돌담 위에는 호박 덩굴이 올라가서

금년에도 익은 호박이

주렁주렁 누렇게 매달렸겠지.

삽짝거리로 나와서

돌다리를 건너

사랑하는 모교에 가고 싶구나

칠계단을 올라가면

우편에는 벚꽃나무와

좌편에도 벚꽃나무가

엉겨 붙어서 봄이 되면

벚꽃이 장관이더라.

사계단으로 올라가니

매실 열매가 무르익어서

벌겋게 익으면 많은 사람 보시기에

입맛을 돋운다.

그리고 칠계단으로 올라가 서니

큰 운동장에서는

우리가 뛰놀던

그 모습들이 떠오르네.

운동장 옆에는

전부 벚꽃나무가 줄을 서서

너무나도 아름답더라.

친구들과 사진 찍던

그 추억이 떠오르며

선생님과 기념촬영도 했건만

모교가 잊혀지지 않고

사무치도록, 꿈속에서도 그리워지네.

언제나 가보리

언제나 보고 싶어

먼 산만 바라보네.

— 「고향」의 전문

아홉 번째 시 「고향」에서 할머니는 고향을 회상하며 지금까지와는 다른 모습을 보였다. 말과 말 사이에 으레 있던 침묵이 보이지 않았다. 멀리 보며 천천히 말을 하던 평소와 달리 나를 보며 동의를 구하기도 했다. "봐라, 김 선생. 니 감꽃으로 목걸이 걸어봤다 했제?" "니 감꽃 냄새 기억하나?" 할머니는 나의 맞장구에 씨익 웃으며 시를 읊었다.

특히 시 「고향」에서 어린 시절을 보냈던 집과 동네, 그리고 학교를 정확하게 묘사했다. 마치 지금 이 순간 그곳을 걷고 있는 것처럼 눈을 지그시 감고 한 구절 한 구절 시를 읊어 나갔다. 할머니의 시를 받아 적는 동안 잔잔한 호숫가를 걷고 있는 것 같은 느낌이 전해져 왔다. 기억 속의 고향은 꽃밭이었다.

할머니는 시 「고향」에서 '가고 싶다' '그립구나' '아름답더라'는 표현으로 고향에 대한 마음을 표현했다. 그리고 갈 수 없는 마음을 "저 푸른 하늘 밑에는/ 내 고향 내 살던 집이 있겠지." "언제나 가보리/ 언제나 보고 싶어/ 먼 산만 바라보네"라는 표현으로 묘사했지만, 그 그리움마저도 할머니에게 찾아온 작은 행복을 어쩌지 못했다.

시 「고향」에 묘사되는 여러 종류의 꽃은 "사무치도록, 꿈속에서도 그리워지"는 고향이 할머니의 기억 속에 어떻게 남아 있는지를 말해 준다. '집 옆에는 활짝 핀 살구꽃'이 있었고, '마당 뒤에는 감꽃'이 가득 떨어져 '바가지로 주워 담아 실로 꿰어 목에 걸'고 다녔다. '장독 뒤의 목단꽃과 그 뒤에 피어 있는 나리꽃', 그리고 '돌담 위를 오르는 호박 덩굴'에는 '누렇게 익은 호박이' 주렁주렁 매달려 있었다. 유년의 집은 이제 갈 수 없지만 할머니의 기억 속에 온전히 보존되어 있었다.

"삽짝거리로 나와서/ 돌다리를 건너" 학교에 가면 그곳은 벚꽃천지였다. "벚꽃이 그렇게 많았어요?" "하모. 요요 칠계단이 있었거든. 조게는 사계단이 있었고"라며 말을 이어가는 할머니는 마치 나의 손을 잡고 그 계단을 오르는 듯이 보였다. 두 팔을 넓게 벌려 한 손으로는 "여게 칠계단이 있는 기라" 하며 허공의 한 지점을 가리키고, 다른 손으로는 허공의 어딘가를 가리키며 "여게는 사계단인데, 계단을 오르다 서서 돌아보면 온통 벚꽃천지제."

뭉툭한 할머니의 손끝을 따라 좁은 방 안 가득 벚꽃이 피어나고 있었다. 큰 운동장 한쪽에서는 어린 할머니가 머리카락을 흩날리며 뛰고 있었고, 계단 위에서는 또 다른 어린 할머니가 학교를 가득 덮고 있는 벚꽃을 경이로운 눈으로 보고 있었다. 어린 할머니의 머리 위로 떨어지는 벚꽃들은 우리가 앉아 있는 방 안 가득 흩날리고 있었다.

그러고 보니 유난히 덥던 여름 날 할머니의 집을 처음 방문하던 그날, 나를 맨 먼저 반겨준 것도 꽃이었다. 가을이 오면 대문도 없고 울도 없는 집에 울타리 대신 피어 있던 코스모스가 생각났다. 그 마을은 꽃이 없는 집이 많았다. 많은 집들이 마당을 시멘트로 개조하였고, 마을 곳곳에도 산속 시골마을치고 꽃이 보이지 않았다. 마을 입구 교회 옆에 있던 키 큰 야생화가 그나마 눈에 띄었다. 교회 예배실 앞에는 화분에 꽃이 담겨 있었다.

—유년의 문이 열리다

할머니의 유년 기억 속에 유난히 꽃이 많은 이유는 무엇일까? 잊고 있었던 유년의 기억을 떠올리며 가장 먼저, 가장 많이 꽃을 기억하는 이유는 무엇일까? 어쩌면 발병을 알고 난 뒤부터 할머니의 삶에서 꽃은 사치였는지 모른다. 발병과 함께 시작된 할머니의 고통 속에서 꽃은 더 큰 상처로 남았던 게 아닐까? 다시는 돌아갈 수 없는 유년의 기억을 지배하고 있는 꽃으로부터 할머니는 상실의 아픔을 더 크게 느꼈을지 모른다.

시인 김춘수는 꽃을 보며 환희와 행복을 노래하지 않았다. 흔들리는 가지의 끝에서 수없이 생겨났다 사라지는 시간의 운명을 보았다. 김소월은 저만치 홀로 피어 있는 꽃으로부터 끝없이 순환하고 있는 시간의 흔적을 찾았다. 삶의 아픔을 지닌 사람들에게 꽃은 아름다움의 대상이라기보다 자신이 도달할 수 없는 '그 무엇'으로 다가온다.

그래서 할머니에게도 유년의 꽃은 깊은 절망과 메울 수 없는 상실의 시간을 상징하는 것이었다. 즐거움을 느끼는 것, 즉 쾌락은 매우 간단하다. 보고 싶으면 보고, 보아서 좋으면 즐기면 된다. 간단한 쾌락 대신 고통이 자리 잡는 것은 자아의 붕괴를 의미한다. 더 이상 내가 나를 즐겁게 바라보지 못할 때, 나 자신으로부터 행복을 찾을 수 없을 때 우리의 자아는 이미 붕괴되어 있는 것이다.

자아의 붕괴는 지극한 심적 고통을 동반한다. 고통은 그것과 연관된 것들을 무의식의 세계로 밀어 넣고 문을 잠가 버린다. 이 고통의 끝에서 유년의 기억이, 꽃의 기억이 되살아나 그 기억을 이야기하며 지금 현재를 잊는다는 것은 무엇을 의미하는 걸까? 무엇이 60년 동안 굳게 닫혔던 무의식의 문을 열게 했을까? 고통을 느끼지 않으며, 아니 오히려 꽃의 기억이 할머니의 얼굴에 홍조를 가져다주는 이유는 무엇일까?

할머니의 이야기는 계속되었다.

"야야, 김 선생. 벚꽃나무가 얼매나 큰지 모른다. 그 큰 나무들이 전부 꽃을 활짝 피우면 학교는 꽃밖에 안 보이는 기라. 이리이리 계단에 서서 손을 내밀면 꽃이파리가 손바닥에 떨어진다. 후 하고 불면 또 날아가는 기라."

나도 할머니를 따라 손을 내밀고 있었다. 할머니의 손바닥을 떠난 벚꽃 하나가 내 손바닥 위에 앉는 환상 속으로 빠져들었다.

7장

거꾸로 가는 시간 속에는

—— 설렘과 기쁨의 기억이

할머니의 기억은 하얀 눈이 소복이 내린 그날로 돌아갔다. 할머니를 만난 지 얼마 되지 않았을 때의 눈은 고통의 기억이었다. 떠돌이 약장수에게 속아 한센인 집단촌으로 갈 때 눈길을 걸어갔던 기억을 고통스럽게 떠올렸었다. 하지만 꽃이 가득했던 교정과 고향마을은 이제 하얀 눈이 마을을 뒤덮은 설날 아침이 되어 있었다.

할머니에게 어린 시절의 기억은 설렘과 기쁨 그 자체였다. 대문을 나서면 계절마다 다른 꽃들이 길가 곳곳에 피어 있었고, 학교 교문을 들어서면 가장 먼저 보이던 것이 꽃과 나무였다. 산속에 버려져 살아남기 위해 하루하루 사투를 벌일 때의 나무들은 할머니가 넘어야 했던 장애물이었지만, 어린 시절의 나무는 친구들을 만나 이야기꽃을 피우던 휴식처였다.

우리가 살아가면서 사물에 대해 느끼는 감정은 기억과 깊이 연관되어 있다. 오래된 시간 속의 사물에 대한 기억은 이미지로 남는다. 그 이미지는 시간의 흐름과 관계없이 정신 속에 살아남아 기억의 주인과 함께 태어나고 늙어가며 사라져간다. 즉 우리가 살아 있는 동안 그 이미지는 사라지지 않는 것이다.

그러나 같은 사물이 반복하여 만나고 그 만남이 생의 전환점과 연관되어 있다면 기억은 이중의 잠금장치를 한다. 가장 오래된 기억이 뒤에 만난 기억에 의해 묻혀 잊히게 되는 것이다. 꽃과 나무 그리고 눈은 할머니의 유년기를 아름답게 만들었던 것들이지만, 그 이후 할머니가 경험한 고통들에 의해 원초적인 기억은 사라졌던 것이다.

어린 시절의 할머니를 들뜨고 행복하게 했던 기억들이 발병 후 이어지는 고난 속에서 기억 저 너머로 아득히 사라지고, 행복했던 기억의 자리에는 고통스럽고 다시는 돌아가고 싶지 않은 이별과 회한의 기억들이 자리 잡았다. 그 기억들은 너무나 단단하고 야멸치게 할머니의 삶을 움켜쥐고 있었다.

그런데 이제 고통의 기억들을 걷어내고 행복하고 설레던 그
시절로 할머니는 돌아가고 있었다. 60여 년 동안 열리지 않는 문
안에 유폐되어 있던 그 기억들이 하나씩 모습을 드러내고 있었
다. 유년기의 기억을 하나하나씩 읊조리는 할머니의 모습은 아름
다웠다. 할머니의 작은 심장박동이 나에게로 옮겨와 나는 온몸이
떨리는 긴장 속에서 할머니가 읊조리는 시를 받아 적었다.

눈 나리는 날 아침에

정월 초하룻날 설날이 되었다
잠에서 눈을 떠
창문을 열고 보니 폭설이 내려서
온 바다를 흰눈이 덮었고
은빛 찬란함이
눈부시도록 아름다웠더라.
눈 나리는 날에 가장 좋아하던
우리 집 바둑이는 천지를 돌아다니며
뒹구르며 좋아하며 짖는 그 소리가
노래같이 들리더라
너무나도 신기하고 놀랍더라.

장독 위에는 소복소복 쌓인 눈이

연꽃같이 희고 아름다웠더라

대밭의 댓잎에서는 흰눈이

소복소복 쌓여서 칼끝과 같이

쪼삑쪼삑 하였더라.

소나무에도 많은 눈이 쌓여서

목화같이 보이기도 하고

눈꽃같이도 아름다웠고

좋게 보이더라.

우리 집 지붕 끝에는 고드름이

주렁주렁 매달려서

보기에 경치가 좋았더라.

나는 설날의 음식과 떡국으로 차려서

아랫마을의 할머니 집으로

세배를 나섰더니 눈 속에서

길을 몰라 헤맬 때

바둑이가 내 앞에 뛰어와서

길을 인도하였더라.

그 후에 사랑하는 임과 함께

큰 눈덩이를 만들어 굴리고

눈사람을 만들어

머리에는 고깔을 씌우고

임과 둘이서 어깨 손을 얹어

사진을 찍으며 기뻐하였더라.

그리고 눈덩이를 만들어

서로 던지며 때리며 싸움이 벌어져

어린아이 같은 동심으로

돌아갔더라.

넘어지며 엎어지며 미끄러질 때마다

사랑하는 그대의 두 팔로

안아 일으켜 줄 때마다

눈 속에서도 그 따뜻한 사랑이

우리의 정으로 더 깊이 들더라.

팔십 평생을 살아도

눈 나리는 이 날이

잊혀지지 않고

옛 추억이 그립더라.

눈 나리는 어느 날.

—「눈 나리는 날」의 전문

시 「눈 나리는 날」은 할머니의 열 번째 시이다. 이 시 속의 바다는 아이를 남겨두고 돌아오면서 자살을 기도하던 예전의 바다 대신 흰 눈이 뒤덮어 은빛으로 빛나는 눈부신 바다이다.

"그거는 바다가 아인기라. 얼매나 눈이 왔는지 바다가 안 보이더라"

어린 시절 보았던 눈 온 날 아침의 바다는 할머니에게 은빛으로 빛나는 기억이었다. 오래전에 마주쳤던 사물은 많은 시간이 지나면서 실제와는 다른 모습으로 변형되거나 희미해진 채로 기억된다. 이때의 사물은 구체적인 형상이 아니라 이미지로 남게 되는데, 은빛의 바다 이미지는 살아야 할 의미를 상실하고 죽음을 시도했던 바다의 기억을 뭉개고 있었다. 그리고 어린 시절 꿈을 키우며 뛰어 놀았던 울산 앞바다로 되살아나고 있었다.

실제로 아무리 많은 눈이 내려도 바다를 뒤덮지는 못한다. 바다의 색깔조차 바꾸지 못한다. 어쩌면 할머니가 은빛 바다로 기억하고 있는 것은 백사장일 가능성이 크다. 그럼에도 나는 할머니의 말을 그대로 받아들였다. 할머니의 얼굴에 피어나는 행복감을 논리적이며 건조한 이성의 언어로 파괴하고 싶지 않았기 때문이다.

나 또한 아무도 인정해 주지 않지만 진실이라고 굳게 믿는 기억이 있다. 몇 살쯤이었는지 정확하게 기억하지 못한다. 그날은 눈이 많이 왔었다. 눈길을 걸어 학교 운동장에 갔을 때, 그곳에는 하얀 눈으로 뒤덮인 바다가 있었다. 나는 그 바다 위를 발자국을 찍으며 걸었고, 강아지도 나를 따라 폴짝폴짝 뛰어다녔다.

아무도 없는 그곳을 뛰어다니며 강아지와 놀던 어린 나는 마치 그림 속의 풍경처럼 내 기억 속에 살아 있다. 어른이 되고 세상사에 지칠 때면 그날의 기억이 떠올랐다. 나는 기억 속의 나를 멀리서 바라보며 위안을 받곤 했다. 그러나 그 어느 누구도 나의 기억을 사실로 받아주지 않았다. 그렇게 많은 눈이 내린 적이 없고, 우리 집에는 강아지가 없었으며 가족 중 그 누구도 어린 나를 아침 일찍 학교에 가게 내버려둔 적이 없었다는 게 그 이유였다.

하지만, 가족들이 조목조목 아무리 많은 증거를 들이대며 나의 기억이 거짓이라고 논리적으로 말해도 따뜻하고 포근한 그 기억은 사라지지 않았다. 오히려 시간이 지날수록 그 기억은 숨어 있는 진실처럼 나에게는 비밀스러운 기쁨이 되었다. 할머니의 시를 들으며 한동안 잊고 있었던 기억이 되살아나고 있었다.

—연꽃같이 희고 아름답게

할머니는 오래전의 눈 내린 날 정경을 정확하게 묘사했다. 눈이 내려앉은 대나무 잎, 마치 목화처럼 보이는 눈 쌓인 소나무, 눈이 녹아서 흘러내리다 얼어붙은 처마 끝 고드름까지 그 모든 정경을 마치 오늘 아침에 본 것처럼 이야기했다.

"눈이 그렇게 많이 왔는데 설날 세배를 혼자 가셨어요?"
"흠흠흠."

할머니는 나의 질문에 어깨를 웅크리며 낮은 소리를 내며 웃었다.

"쪼끔만 기다리면 같이 갈 긴데 내가 그냥 나섰제."
"그래서 길을 잃으셨어요?"
"뭐 길을 잃었겠노. 눈이 하도 마니 와 놔서 좀 낯설기도 하고 강아지가 하도 날뛰니까 쫓아가다 딴 길로 가기도 하고 그랬제."

말하는 내내 할머니의 얼굴에는 웃음이 사라지지 않았다. 유리창을 통해 들어오는 햇살이 할머니의 얼굴을 붉게 물들이고 있었다.

시 「눈 나리는 날」에서 눈에 띄는 것은 마쓰시타와의 추억이었다. 할머니가 시에 묘사하는 눈 오는 날의 정경이나 있었던 일은 분명 마쓰시타를 만나기 이전의 시간이었다. 그런데 시의 후반부에 가서는 마치 눈이 많이 온 그날 마쓰시타를 만나 눈싸움을 하고 눈사람을 함께 만든 것으로 이야기하고 있었다.

지금까지 할머니의 기억 속에서 마쓰시타는 허무와 고통의 얼굴로 표현되었다. 뿐만 아니라 마쓰시타와의 기억은 언제나 분명했다. 그런데 어린 시절 눈 내리는 날의 빛나는 정경과 함께 마쓰시타와 함께 했던 기억이 포개어지는 것은 어떤 이유일까? 나는 잠시 망설이다 질문했다.

"마쓰시타와 눈사람도 만들었어요?"

"응, 참 많이 엎어졌다. 그때마다 일으켜 주는 게 좋아서 또 엎어지고 했제."

눈 오는 날 마쓰시타와 함께 즐거운 시간을 가진 것은 분명해 보였다. 어린 시절의 행복했던 기억과 마쓰시타와의 기억이 하나로 나타나는 것은 어쩌면 마쓰시타와의 사이에 있었던 아픈 기억이 행복하고 즐거웠던 기억에 의해 조금씩 덮여가는 게 아닐까라는 생각이 들었다. 사랑받으며 보냈던 유년의 기억들이 발병 후의 고통스러운 기억에 의해 시간 저 너머에 은폐되어 있다가 조금씩 모습을 내미는 것처럼 고통의 기억들이 조금씩 사라져 가는 게 아닐까?

마쓰시타와 함께 했던 눈 오는 날의 기억은 "사랑하는 두 팔로 안아 일으켜 줄 때마다 눈 속에서도 그 따뜻한 사랑이 정으로 더 깊이 들"던 행복의 시간으로 모습을 드러내고 있었다. 팔십 평생을 살아도 잊히지 않는 그리운 시간으로 할머니의 사랑은 돌아오고 있었다. 이전에 구술했던 시에서 보였던 고통과 회한의 기억 대신 연꽃같이 희고 아름다운 시간으로 돌아오고 있었다.

18장

삶의 자유를 위하여

___혼자 하는 사랑

사랑이란 어떤 것일까? 행복한 것일까 아니면 괴로운 것일까. 사랑의 시작은 달콤하고 절대로 이별이 없을 거라는 믿음으로 시작된다. 서로 마주 보기만 해도 행복한 시기에는 만남은 필연적으로 이별을 동반한다는 사실을 생각하지 못한다. 설령 생각한다 하더라도 자신의 사랑에 이별 따위는 절대 끼어들 수 없다고 확신한다.

그러나 이별은 자신의 의지와는 상관없이 찾아온다. 이별의 상황에서 상대의 입장을 이해한다 하더라도, 어쩔 수 없었음을 안다 하더라도 강제적이며 급작스러운 이별은 마음 깊은 곳에 그 마음보다 더 크고 깊은 상처를 남긴다. 할머니에게는 마쓰시타와의 이별을 준비할 시간도 없었고 현실로 받아들일 심리적 여유도 없었다.

할머니에게 마쓰시타는 어쩌면 괴로움 속의 행복이 아니었을까 싶다. 할머니가 처음 읊은 시 속에서 첫사랑은 풀벌레의 울음소리처럼 애달픈 기억이었다. 깊은 밤 들려오는 풀벌레 소리에도 할머니는 잠을 이루지 못하고 소리 없이 눈물을 흘렸다. 아무에게도 자신의 슬픔을 나타낼 수 없었고, 그 어느 누구도 알아서는 안 되는 고통이었다.

소리쳐 통곡할 때
초승달도 울고 있네.

이 밤도 뒹구르며
몸부림칠 때
눈물이 강이 되어
잠을 이루지 못하네.

—「여름밤」의 부분

할머니의 사랑은 그랬다. 60여 년의 긴 시간 동안 오직 혼자 알고 혼자 아파하고 혼자 그리워해야 하는 사랑이었다. 다시는 재회할 수 없는 사람을 그리워하는 시간도 밤하늘에 떠 있는 달과 밤이 되면 우는 풀벌레만 함께 할 수 있었다. 소리 내어 울지 못하고 그립다 말하지 못하고 홀로 잠 못 이루며 고통스러워야 했다.

그 고통의 시간은 또 다른 죄의식의 시간이기도 했다. 오랜 시간을 할머니의 곁을 지켜준 할아버지에 대해 할머니는 "나한테 참 잘했어. 내가 아무리 성질부리고 고집을 피워도 그리 화를 안 내대."라는 말로 고마운 마음을 드러냈다. 할아버지에 대해서는 "참 똑똑했다. 시대만 잘 만났으모 한 자리 했을 끼다. 뭘 해도 뭘 맡아도 똑 부러졌거든." 하며 자랑스러워했다.

그러나 그 감정은 사랑이 아니었다. 한 가정을 이루고 부부의 연을 맺어 의지하며 긴 세월을 살아온 정이었다. 할아버지에 대한 정이 따뜻하고 깊어도 사랑은 아니었던 것이다. 사랑과 정을 검은 돌과 흰 돌처럼 확연하게 구분하여 정의내릴 수 없지만, 할머니는 할아버지에 대해 말할 때 사랑이나 그리움 같은 표현을 하지 않았다.

─ 잃어버린 나를 찾아

마쓰시타에 대한 할머니의 감정은 사랑이었을까, 아니면 사랑의 가면을 쓴 집착이었을까? 17세 어린 나이에 만나 18세에 마음의 문을 열고 19세에 하나가 되었다가 20세에 헤어진 사람을 81세가 될 때까지 변하지 않고 사랑한다는 게 가능한 것일까? 사랑은 변하는 게 아니라고, 단지 그 사랑을 하는 사람의 마음이 변하는 거라고, 그래서 할머니의 사랑은 변하지 않았다고 말할 수 있을까?

사랑이 아니라 집착이었다면 무엇에 대한 집착이었을까? 할머니는 왜 그렇게 오랜 시간 동안 집착하며 고통으로 살아왔던 것일까? 무엇이 할머니의 마음을 60여 년 전의 시간 속으로 자꾸 끌고 간 것이었을까? 의문이 꼬리를 물고 나타났다 사라졌다. 아무 말 없이 물끄러미 창밖으로 시선을 주고 있는 할머니를 찬찬히 들여다보았다.

그러고 보니 지금까지 할머니가 서 있는 모습을 본 적이 없었다. 언제나 앉아 있었다. 어쩌다 치마 밑으로 발이 나오면 애써 치마를 끌어당겨 발을 감추곤 했다. 진물이 묻어 있는 할머니의 발을 볼 때에도, 전동 휠체어를 타다 넘어져 크게 다쳤을 때에도 미처 생각하지 못했었다. 할머니가 자유의지로 서는 데에 어려움을 겪고 있다는 것을……

팔십 평생을 살아오면서 할머니가 자신의 삶과 자신의 몸을 자기 의지대로 할 수 있었던 게 언제였을까? 마쓰시타와의 사랑이 종말을 고했던 그 시점까지였던 게 아니었을까. 그렇다면 지금까지의 나의 생각이 틀렸을 수도 있다. 할머니가 집착하는 것은 잃어버린 사랑이 아니라 잃어버린 자신이 아닐까?

너무도 사랑하여
양손을 꼭 잡고
철로길을 걸으며 뛰며
동심에 싸여
아무것도 두렵고
무서운 걸 모르더라.

—「사랑」의 부분

서로가 웃으며 변치 말자고
손을 굳게 잡고 다짐하며
맹세도 하였더라.
이것이 영원한 우리의
사랑의 속삭임이었더라.

—「첫사랑 이야기 1」의 부분

애당초 나와 마쓰시타는

맺어질 사랑이 아니었구나.

국경이 다르고 나라가 다르니

이것이 우리의 운명이다

보내주리라, 가거라

속절없는 사랑, 미련 없이 보내주마

— 「첫사랑 이야기 2」의 부분

넘어지며 엎어지며 미끄러질 때마다

사랑하는 그대의 두 팔로

안아 일으켜 줄 때마다

눈 속에서도 그 따뜻한 사랑이

우리의 정으로 더 깊이 들더라.

— 「눈 나리는 날」의 부분

마쓰시타에 대한 기억은 사랑에 대한 영원한 약속에서 체념으로, 그리고 따뜻했던 정으로 이어진다. 사랑에 대한 약속도 이별도 할머니의 의지에 의해 이루어진 것들이다. 비록 '국경이 다르고 나라가 달라' 어쩔 수 없이 받아들여야 했던 이별도 할머니의 의지였다. "보내주리라, 가거라/ 속절없는 사랑, 미련 없이 보내주마" 하며 체념한다. 그리고 그 사랑은 이제 따뜻한 기억으로 돌아와 있다.

내게도 행운이 있었던가
김철수라는 청년을 알아서
60년 동거생활하며 그 안에서
예쁜 딸을 선물로 하나 받았더라.

—「내 인생길」의 부분

할아버지와의 만남을 "행운"으로 표현하며, 딸은 선물로 여긴다. 할머니는 할아버지를 21세 때 만난 청년 김철수로 호칭한다. 여기에서 나는 다시 할머니를 바라보았다. 할아버지와 함께 한 60년 세월을 '결혼생활'이라는 말 대신 '동거생활'로 표현했기 때문이다. 언어 하나하나를 분석하고 그 의미를 따지는 것이 때로는 무의미하기도 하지만, 불쑥 나오는 언어를 마음 깊은 곳에 있는 무의식의 발현이라고 본다면, 결혼이 아닌 동거는 할머니가 생각하는 자신의 결혼관에 대한 표현일 수도 있다.

마쓰시타와 함께 한 시간들과 이별이 자기 의지에 의한 것이었다면, 할아버지와의 결혼은 강제에 의한 것이었다. 어머니가 돌아가시고 홀로 남겨진 상황에서 일본에서 온 용한 의사를 만나기 위해 떠돌이 약장수를 따라간 결과 이루어진 반강제적인 결혼이었다. 할머니는 그렇게 이루어진 결혼을 인정할 수 없었노라고 이미 수차례 되뇌었다.

살면서 만난 것을 행운이라고 여길 정도로 남편은 좋은 사람이었지만, 비록 자신의 손으로 키우지 못하고 입양시켜 보냈지만 그 사이에서 태어난 딸을 선물이라고 여길 정도로 귀한 인연이었지만, 그 결혼은 자신의 의지와는 관계없는 것이었다. 마쓰시타와 헤어진 이후의 60년은 온전히 할머니의 삶이 아니었던 것이다. 살아도 살았노라고 자신에게 말할 수 없는 삶이었다.

──선택의 자유

사랑이니 이별이니 하는 것들은 이제 더 이상 할머니의 삶을 흔들지 못하는 것처럼 보였다. 왜냐하면 그 사랑은 눈 내리는 날의 따뜻한 정으로 기억되기 때문이다. 할머니가 60여 년을 찾아헤맨 것은 삶이라는 속박으로부터 벗어난 자유였다. 한센병이 찾아오면서 할머니가 스스로 결정하고 선택할 수 있는 것은 없었다.

살다 보면 선택할 수 있는 자유가 부끄러워질 때가 있다. 자신에게 주어진 자유를 방종으로 낭비하면서도 그것을 자유라고 여기지 않는 경우도 종종 있다. 나는 자유 의지로 할머니를 찾아왔고, 할머니도 자유 의지로 나를 맞이해 주었지만, 두 자유에는 엄연한 차이가 있음을 비로소 알았다. 나는 내 연구의 당위성을 입증하기 위해 할머니를 만났고, 할머니는 삶으로부터 자유를 되찾기 위해 나를 만난 것이다.

나는 부끄러웠다. 지금까지 살아오면서 생각만으로 얼마나 많은 올가미를 만들고 덫을 만들어 스스로를 구속했는지, 그리고는 살기가 힘들다고 푸념했는지 헤아릴 수 없기 때문이다. 할머니에게는 생각의 자유마저도 없었다. 자신의 미래를 스스로 선택할 수도 없었고, 희망을 가질 수도 없었다. 애써 일구어 놓은 삶의 터전도 외압에 의해 뺏기고 낯선 곳으로 강제 이주당해야 했다.

그럼에도 불구하고 할머니는 60년 동안 자신의 자유 의지를 실현할 수 있는 날을 기다렸다. 그리고 자신의 삶과 사랑과 슬픔을 시로 읊었다. 비록 자유롭게 선택한 삶은 아니었지만, 그 삶을 자신의 방식으로 드러내고자 선택한 것이 나와의 만남이었다. 선택의 자유, 온전한 자유가 항상 우리를 행복하게 하는 것은 아니다.

그 선택에 의해 내일 불행한 일을 당할 수도 있고, 애써 일구어 왔던 꿈이 사라질 수도 있다. 다만, 선택의 자유에 의해 내가 내 삶의 주인이 된다는 사실만큼 가슴 벅찬 일이 있을까. 할머니는 자신의 삶을 풀어놓음으로써 삶으로부터 벗어나는 자유를 가

지게 되었다. 자유에는 또 다른 어려움이 따르겠지만 할머니는
한발 한발 앞으로 나아갈 것이다. 온전한 자유를 가지기 위해서
는 할머니가 열어야 할 문이 남아 있기 때문이다.

19장

매듭을 풀어나가는 자기 실현의 길

___자기 실현의 길

자신의 비밀을 평생 동안 혼자 간직하고 있다가 누군가에게 털어놓기 위해서는 많은 용기가 필요하다. 그 용기 뒤에는 온전한 자유를 향한 염원이 있다. 온전한 자유, 진정한 자유는 세계와 교류하여 나와 세계가 서로 영향을 줄 때 실현 가능한 것이다. 삶의 빛은 현실적인 어려움과 고난 속에서 더욱 빛나기 때문이다.

7개월 동안의 만남에서 할머니가 보여준 모습은 경이로움 그 자체였다. 한센병에 걸렸다는 사실만으로 개인의 고유성과 존엄성을 인정받지 못한 삶을 살아왔기에 세상을 원망하기도 하고 지금은 없는 기억 속의 이웃들에게 분노하기도 했지만, 스스로 자신을 돌아보며 지난 삶을 정리하는 모습은 한 줄기 빛과 같았다.

그 지난한 삶에 맺혔던 매듭을 말로써 하나씩 풀어나가는 모습을 생각하면 어린 시절의 내 할머니와 어머니의 다림질 모습이 떠오른다. 우물에서 퍼 올린 물로 긴 광목천을 발로 밟아 빨아서 마당을 가로지른 빨랫줄에 널어놓으면 마치 햇살이 내려와 하얗게 부서지는 것처럼 보였다. 바람에 펄럭이던 광목천 사이를 뛰어노는 사이 광목천은 바싹 마르고, 어머니는 그 천을 하나씩 걷어서 풀을 먹였다.

커다란 대야에 마른 광목천을 넣고 어머니가 풀주머니를 주물럭거리면 하얀 풀물들이 나와 광목천을 촉촉하게 적셨다. 광목천을 손으로 주물러 풀물이 골고루 천에 스며들면 다시 빨랫줄에 널어 말렸다. 풀을 먹인 광목천은 햇빛 아래에서 더 하얗게 표백되어 갔다. 빳빳하게 마른 천을 걷어 들인 어머니는 마루에 앉아서 입으로 물을 뿜어 천을 다시 촉촉하게 만들었다. 어머니가 물을 뿜는 소리에 비례해서 어머니의 콧등에는 땀이 맺혔다.

촉촉하게 젖은 광목을 직사각형으로 개켜 보자기로 싸서 발로 밟았다. 어머니의 발 아래에서 광목은 물기가 골고루 퍼지면서 동시에 구김살도 펴지고 있었다. 어느 정도 밟기가 끝나면, 광목은 다듬잇돌 위에서 다듬이 방망이에 의해 부드럽게 다듬어지고 있었다. 어머니는 양손에 방망이를 들고 일정한 속도로 다듬 잇돌 위에 있는 광목을 두드렸다. 어머니의 다듬이 소리는 그 어 떤 음악 소리보다 어린 내 가슴 속을 휘젓고 다녔다. 마당의 평상 끝에 앉아 다듬이 소리를 듣고 있노라면, 마치 어머니가 광목천 과 하나가 되는 착각에 빠져들곤 했다.

다듬이질이 끝나면 할머니와 어머니는 마주 앉아 광목천의 끝자락을 잡고 팽팽하게 밀고당기다가 다리미질을 시작했다. 동 그란 쇠 다리미에는 타고 남은 숯이 들어 있었고, 광목천은 다리 미가 왔다갔다하는 사이에 잔주름 하나 없이 평평해지고 있었다. 나는 어머니 옆에서 사악거리는 다리미 소리를 들으며 잠이 들곤 했다.

할머니가 자신의 삶과 가슴에 맺힌 한을 말로 풀어나가는 그 모습이 마치 누런 광목을 하얀 천으로 만들어가는 어머니의 손길 같았다. 자신의 삶을 돌아보며 원망도 미움도 안타까움도 사랑의 아픔도 하나씩 벗어던지는 모습이 지난한 시간을 거쳐 하얗게 탈 색되어 햇살 아래 빛나던 광목천과 같았다. 그것은 자기 의지에 의해 자기 본연으로 돌아가는 것, 곧 자기 실현의 길이었다.

──고통이 크면 자신의 삶은 보이지 않는다

처음 만났을 때, 할머니는 자신의 고통을 정확하게 드러내지 못했다. 떠나보낸 아들에 대한 간절한 그리움, 마쓰시타에 대한 회한, 먼저 가신 할아버지에 대한 미안함, 함께 살지 못하는 딸에 대한 아쉬움 등이 서로 뒤엉켜 마치 헝클어진 실타래처럼 실마리가 보이지 않았다. 그리고 돌아가신 어머니에 대한 한은 할머니를 무겁게 누르고 있었다.

살아가면서 하나씩 보태지는 고통은 매듭과 같다. 이 매듭은 삶을 얽매는 질곡이자 현실을 어두움 속으로 몰아넣는다. 그래서 나의 고통에 함몰되면 내 고통이 너무 크게 느껴지기 때문에 자신의 삶은 보이지 않는다. 이 세상에 오로지 나 홀로 내던져진 것 같은 막막함만 남는다.

할머니의 초기 시를 보면 "나는 왜 이렇게 고통이 많고／ 내 앞에는 여러 가지 시련이 닥치나／ 절망에 싸였다.(「내 인생길」)"고 고백한다. "약한 자는 아무리 말을 하여도／ 소귀에 경 읽기더라.(「내 인생길」)"는 표현으로 세상으로부터 버림받은 울분을 토해 놓았다. 그러나 시를 읊고 그 시를 내 목소리를 통해 다시 들으며, 시로 못다한 이야기들은 말로 하면서 맺혀 있던 매듭을 하나씩 풀어나갔다.

내가 본시 왈가닥한 성격에

참지 못해 그 사이로 뛰어들어

발로 얼음을 타며 돌아다니다가

결국 엉덩이로 얼음에

방아를 찧고 말았네.

내 죽는다고 뒹구르니

길가는 나그네 아저씨가 두 손을 잡아

일으켜 주셨네

너무도 감사하여 맘으로 답례하였네.

—「임진강에서」의 부분

할머니는 구술한 마지막 시인 「임진강」에서 처음으로 세계와
교류하고 소통하는 표현을 했다. 할머니는 이 시에서 "많은 인파
들이 아이 어른 분별없이/ 팽대를 치며 썰매를 타고/ 옆에서는
스키를 타며/ 즐겁게 놀고 있는" 사이에 뛰어들어 얼음을 지치며
놀다가 넘어졌는데, 알지 못하는 나그네 아저씨가 도움을 주어서
고마웠다고 회상했다.

"임진강에는 언제 가보셨어요?"

"어데, 가본 적 없다. 학교 다닐 때 선생님에게 들었다. 꼭 한

번은 가보고 싶대. 그래서 한번 생각해 봤다."

할머니는 생각만 해도 재미있다는 표정을 지으며 큰 소리로
웃었다.

"김 선생, 어떻노? 얼음이 얼모 팽이도 돌리고 얼음썰매도 탄
다. 임진강은 저 우에 있으니 얼음이 더 얼었을 끼다."

할머니는 눈을 지그시 감고 혼자만의 생각에 젖어 들었다. 그
모습이 너무도 편안해 보여서 말없이 옆에 앉아 있었다. 자신에
게 일어났던 사실만 시로 읊거나 말을 하다가 상상으로 시를 읊
었다는 것은 무엇을 의미하는 걸까? 시 속에 처음으로 많은 사람
들("많은 인파")이 등장하고, 스스로 그 인파 속으로 뛰어 들어가
함께 놀았다는 것은 또 어떤 의미일까? 우물물조차 마시지 못하
게 하는 이웃사람들에 대한 원망에서 벗어나 넘어진 자신에게
손을 내밀어준 나그네에게 마음으로 답례를 하는 것은 어떤 변
화일까?

어쩌면 고달픈 현실의 삶에서 희망을 찾고 꿈을 가지게 된 것
은 아닐까라는 데에 생각이 미치자 나는 할머니의 팔을 잡았다.
"으응?" 하며 나를 보는 할머니의 눈빛은 잔잔했다. 얼굴에는 밝

은 빛이 서려 있었다. 며칠 계속된 감기로 머리가 아프다는 말을
했음에도 불구하고, 표정은 어린아이처럼 들떠 있었다. 할머니
는 어두웠던 과거에서 빛을 찾아내어 어둠을 밝음으로 바꾸고
있었다.

──슬픔이 있어 기쁨은 빛나는 것

할머니가 시와 이야기를 통하여 찾아낸 빛은 어린 시절 책에
서 읽고 동경했던 임진강에 대한 기억이었다. 한 번도 가보지 못
했기 때문에, 그리고 갈 수 없었기에 마음 깊은 곳에 꽁꽁 묶어놓
았던 임진강으로 떠나서 해보고 싶었던 얼음지치기를 하며 노는
자신을 상상한다는 것은 할머니에게 그 어떤 자유가 찾아온 것은
아닐까.

온전한 자유란 혼자만의 세계를 떠나 사람과 사람 사이에서
행해지는 실천이다. 비록 상상의 세계이지만, 많은 인파들 사이
에 스스로 뛰어 들어가 놀다가 넘어지고, 누군가의 손을 잡고 일
어서는 그 행위야말로 할머니가 원하던 자유였다. 할머니와는 물
한 모금도 나누어 마시지 않으려 하던 과거의 이웃은 넘어진 자
기에게 손을 내밀어 주는 이웃으로 변화하고 있었다.

새로운 삶을 추구하는 과정에서는 늘 과거의 낡은 생각과 결별해야 하는 의식이 따른다. 생각은 생각을 낳고 분노는 어리석음을 낳고, 어리석음은 눈과 귀를 가리고 미혹으로 우리를 유혹한다. 이 미혹으로부터 빠져나오기 위해서는 자각이 있어야 하는데, 자각은 경험으로부터 시작한다. 지나온 삶을 때로는 시로 나타내고 때로는 말을 하는 경험으로부터 할머니의 자각은 시작되었던 것이다. 자각은 과거의 삶을 버리고 새로운 삶으로 할머니를 이끌고 있었다.

그런데 갑자기 아무런 소식도 없이

회오리바람이 불어

온 스키장은 아수라장이 되어

모자와 목수건이 날아가며

그 나그네 아저씨의 모자가

하늘로 뱅뱅 돌더니

임진강 흐르는 강가에 떨어져서

돌고 있는데 철새 한 마리가

날개 죽지가 부러져서

퍼득퍼득 뛰며

그 모자 속으로 들어가서

갑자기 사공이 되어 노를 젓고

끝이 없이 어딘가로 흘러가고 있네.

이 일을 보고 있는 나그네 아저씨는

고요한 말로

'허, 참, 이상하다' 하더니

뒤돌아서네.

나는 곁에서 눈이 땅에 흐리도록

그것을 바라보고 있다가

신기하다고 느꼈네.

—「임진강에서」의 부분

자신의 손을 잡아 일으켜주었던 나그네의 모자는 날개 죽지가 부러져 날지 못하는 새의 피난처가 되어 어딘가로 흘러간다. 그것을 눈이 흐려질 정도로 보면서 할머니의 마음은 신기함으로 가득 차 있다. 상처 입은 새와 함께 할머니의 지난 삶은 어딘가로 흘러가고, 이제 할머니는 사람 사이에서 신나게 놀기도 하고, 타인의 손을 잡고 일어서기도 하는 활달한 소녀로 다시 태어나고 있었다.

강물은 스스로 흘러 바다로 간다. 나와 너, 자연과 인간이 서로 어울려 하나가 될 때, 우리의 삶도 강물처럼 가야 할 곳으로 간다. 그러나 삶의 질곡은 우리를 세계와 단절시키고, 우리는 마음의 문을 닫고 어둠 깊숙한 곳으로 자신을 유폐시킨다. 유폐의 길고 어두운 시간을 지나 할머니는 닫혔던 삶의 문을 열고 새로운 희망의 공간으로 발을 떼기 시작했다.

내 고통의 실체를 그대로 볼 수 있을 때 진정한 삶은 모습을 드러낸다. 그리고 나와 내 옆에 있는 사람을 함께 볼 수 있다. 할머니는 자신의 고통을 '날개 죽지가 부러진 철새 한 마리'로 바라보았다. 그러나 그 철새에게 모자를 양보한 나그네도 함께 놀던 많은 인파도 사라지고 할머니는 혼자서 멀리 사라져 가는 철새를 보고 있다.

60년의 시간을 지나, 지금 여기에 있는 할머니에게 남은 것은 무엇일까? 60년의 시간 동안 자신을 할퀴고 간 수많은 고통의 순간들을 할머니는 어떻게 보고 있을까? 병에 걸린 자신을 스스로 용서할 수 없었던 지나간 시간, 병 때문에 떠나보낼 수밖에 없었던 아들, 어머니, 마쓰시타에 대한 기억도 철새 한 마리와 함께 강물에 흘려보낼 순간이 온 것일까?

—니 그동안 참말로 욕 봤다

마지막 시를 읊은 후에도 우리들의 만남은 한 달 정도 지속되었다. 그러던 어느 날, 봄이 오고 있는데도 그날은 몹시 추웠다. 방바닥은 냉기만 면하고 있었고, 전기장판 위에서 우리는 이불을 무릎에 덮고 앉아 있었다. 할머니는 담담하게 앞을 보면서 나지막하게 말했다.

"인자 오지 마라."
"내 할 말 다 했다."
"니 그동안 참말로 욕 봤다."

짧게 이어지는 말에 나는 아무 대꾸도 하지 않았다. 자신의 삶을 있는 그대로 스스로 드러낸 할머니 앞에서 내가 할 수 있는 말은 없었다. 할머니가 시를 들려주면서 나에게 한 말이 생각났다.

"전에는 밤에 누우면, 무신 생각이 그리 많은지 잠이 안 온다. 잠은 안 오고 생각은 자꾸 나고. 눈물은 왜 그리 나오던지. 그런데 요새는 시 생각한다고 다른 생각이 안 난다. 뭐라고 할꼬. 우찌하면 잘 표현이 될꼬. 하룻밤에도 수십 번은 시를 썼다가 허물었다가 안 하나. 어떤 때는 머리가 아파서 에이 하지 말자 하다가도 또 생각하는 기라. 그라다 보모 머리도 안 아프고 잠이 든다."

"보래이, 김 선생. 내 살아온 이런 이야기도 시가 되나? 참 우습제. 내 다시는 말 못할 줄 알았다. 하모, 누한테 말하겠노. 시를 생각하다 보모 내가 나한테 말을 하는 기라. 그때는 그랬다. 아이다. 이랬다. 혼자 그라다 보모 날이 샌다. 허허허. 참 우습제?"

그렇게 마음으로 쓰고 기억한 시를 구술하고 내가 받아 적은 후 다시 읽고 있노라면, 더러는 "아이다, 그기 아이다." 하며 수정하기도 했다.

자신의 삶을 시로 나타내기 위하여 온 정신을 다하여 집중하는 동안, 할머니는 자신을 얽매고 있던 매듭을 하나씩 풀어나가는 지혜를 터득했던 것인지도 모른다. 그 지혜는 자신의 삶을 시로 만드는 성찰과 집중의 과정에서 저절로 생겨난 것일지도 모르겠다. 자신의 이야기를 들어주는 누군가가 곁에 있고, 곁에 있는 사람에게 자신의 삶을 시와 이야기로 들려주며 스스로 생각을 정리할 수 있었으며, 그래서 마음의 파도를 잔잔하게 다스릴 수 있었던 이러한 모든 과정을 통해 할머니는 스스로 삶의 매듭을 풀 수 있었던 것이 아닐까 생각된다. "니 그동안 참말로 욕 봤다."라는 말은 곁에서 이야기를 들어준 나에게 한 말이자 할머니 자신에게 해주는 위안의 말이었으리라. 또한 구술을 할 때 상대의 말을 듣는 것이 얼마나 중요한지를 깨우치게 해 준 말이었다.

우리들의 마지막 만남이 있었던 15개월 후, 할머니의 전화번호로는 더 이상 신호가 가지 않았다. 지난 6월 5일은 할머니가 시간과 공간, 무수한 인연들로부터 자유로워졌던 날이다. 날갯죽지 부러진 한 마리 철새는 임진강물을 따라 바다로 흘러가서 현해탄을 건너 아들을 만났을까. 마쓰시타를 만나 아들의 존재를 알렸을까. 그리고 할아버지를 만나 내 옆에 있어주어 고마웠다고 두 손 마주 잡았을까.

못다 한 이야기들

──다시 찾은 할머니의 집

시간은 간다는 말도 없이 흘러갔다. 흐르는 시간 동안 할머니는 언제나 내 마음 한 곳에 자리 잡고 있었다. 차를 타고 가거나 길을 걷다가도 문득 떠오르면, 나는 괜히 눈을 부벼댔다. 어쩌다 한적한 곳으로 가게 되면 꼭 할머니 집으로 가던 그 길 같아서 주위를 돌아보며, '우리나라는 도심지만 벗어나면 풍경이 똑같다'고 혼자 중얼거리곤 했다.

나는 할머니의 임종을 지키지 못했고, 임종 소식도 듣지 못했다. 혹시 일이 생기면 연락해 달라고 내 연락처를 적어 놓았지만 소용없었다. 한동안 전화 연락이 두절되었지만, 박사학위 논문 심사 중이라서 한동안 할머니를 잊고 있었다. 그렇게 봄과 여름이 지나고 가을도 지나 겨울 문턱에서 마을을 다시 찾았을 때 집은 굳게 닫혀 있었다.

다시 찾은 마을은 여전히 고요했고, 할머니 집 뒤 공터에 매여 있던 누런 개만 컹컹 짖었다. 마을 입구의 교회를 끼고 오른쪽으로 돌아 비탈길을 계속 내려오면 할머니의 집이 나온다. 할머니의 집은 동네 끝, 가장 아래쪽에 있기 때문에 비탈길 끝에서 다시 왼쪽으로 꺾어 들어가야 한다. 대문이 없는 집의 마당으로 들어서야 비로소 집이 보인다. 할머니가 계시지 않는 집은 적막했고 잡풀의 흔적마저 보이지 않았다. 담이 없기 때문에 겨울 바람은 마치 예전부터 그러했던 것처럼 빈 마당을 돌아나가고 있었다.

집은 기역자로 되어 있다. 원래는 일자형 집이었는데, 간단히 몸을 씻을 수 있고 보일러를 들여놓을 수 있는 공간을 이어서 기역자가 되었다. 현관문을 열면 작은 쪽마루에 방문이 연결되어 있다. 미닫이문을 열고 방을 들어서면 오른쪽으로는 화장대와 그 옆에 작은 창문이 있었다. 화장대와 창문 사이 벽에는 작은 텔레비전이 낡은 받침대 위에 놓여 있었다. 방문과 마주 보이는 벽에는 옷장과 이불장이 연결되어 있는 오래된 가구가 있다. 그 옆 벽면에 작은 미닫이문이 있고 그 문을 열면 창고 겸 작은 방이 나온다. 방으로 통하는 미닫이문 옆에 있는 또 다른 미닫이문을 열면 부엌으로 들어갈 수 있다. 밖으로 나오는 문이 있는 욕실 겸 보일러실은 안에서 부엌으로 이어져 있었다.

그곳이 할머니가 거주하는 공간의 전부였다. 그 공간 뒤로 돌아가면 작은 방과 간단하게 식사 준비를 할 수 있는 작은 공간이 있는데, 그곳에는 외지의 직장에 다니는 젊은이가 세를 들어 살고 있었다. 나는 한 번도 그 젊은이를 만나지 못했지만, 할머니를 통해 마음씨가 좋은 사람이라는 기억을 지니게 되었다. 그 젊은이는 할머니의 집 여기저기를 고쳐주기도 하고, 가끔씩 할머니의 손발이 되어 준다고 했다.

마당에는 초록색 간이 화장실이 하나 있었다. 문은 오래되어 완전하게 닫히지 않고 색도 바래져 있고, 할머니가 전동 휠체어를 타고 가서 이용하기에는 너무나 불편한 곳이었다. 그 화장실을 볼 때마다 마음이 아팠다. 비가 오면 어쩌나, 바람이 세게 불면 어쩌나, 여름에는 너무 덥고 겨울에는 너무 추울 텐데 얼마나 불편하실까. 마음과 달리 헤어질 때까지 나는 할머니께 화장실을 지어 드리지 못했다.

모든 것이 그대로인데, 할머니만 안 계셨다. 예전보다 더 많이 어긋나 있는 화장실 문을 보자 슬픔이 밀려왔다. 그 문에 덧대어 있는 얇은 판자가 강한 바람에 흔들리는 것을 보며 나는 발걸음을 돌렸다. 돌아가시기 전 오랜 시간을 스스로 끼니를 해결할 수 없었다고 했다. 국가에서 보내주는 도우미의 도움으로 식사를 해결했지만, 그 도우미가 오지 못하는 날에는 이웃 분들의 도움을 받을 수밖에 없었다고 했다.

그때에도 전화로 안부를 물으면 "괜찮다. 니는 공부 잘하고 있제? 너거 아나?" 하며 나를 염려했다. 괜찮다는 말을 나는 그대로 믿었다. 단 한 번도 스스로 움직이지 못하고 누워 계신다는 생각을 하지 못했다. 학위를 받으면 만나러 가야지, 학위를 받고 나면 소설을 써서 할머니께 감수를 받아야지 하는 부질없는 생각만 했었다. 골목을 돌아 나오며 스스로 "괜찮다. 괜찮다. 너는 몰랐을 뿐이야"라고 되뇌면 되뇔수록 마음 깊은 곳으로부터 다른 목소리가 들렸다. "괜찮지 않아. 넌 어쩌면 일부러 할머니의 말을 그대로 믿었던 것 아니야? 학위? 그런 건 변명이고 핑계야. 왔어야 했어. 절대로 괜찮지 않아."

— 당신은 천상 여자였습니다

할머니는 그 나이 대의 여느 사람에 비해 키가 컸다. 앉은 키가 나보다 훨씬 컸다. 결코 여리거나 가냘픈 모습은 아니었다. 하지만 마음만은 10대 소녀의 감성을 그대로 지니고 있었다. 초저녁에 울려오는 플루트의 음률 같은 감성은 할머니의 평생을 고통 속에 살게 한 원인이기도 하지만, 자신의 삶을 시로 읊을 수 있게 해 준 힘이기도 했다.

한여름에도 한겨울에도 나에게 흐트러진 모습을 보여주지 않았다. 이야기를 나누는 중간에도 수시로 옷매무시를 가다듬거나 머리카락을 곱게 쓸어내리곤 했다. 치마는 언제나 펼쳐져 있었다. 비록 나이 들고 병들어 있어도 단아한 모습을 잃지 않으려고 애쓰는 모습은 형언키 어려운 감동과 함께 비장함마저 느껴졌다.

할머니는 이야기 도중이나 시를 읊을 때 머리가 아프다는 말을 자주 했다. 특히 밤에 혼자 누워 "지난날을 생각하며 시를 지으면 머리가 아프고 기운이 없어서 다음에는 안 한다 해야지" 하고 다짐하지만 또 생각하게 된다고 했다. 단순하게 기억력이 좋은 것이 아니라 할머니는 기를 소진하여 두통이 올 정도로 자신의 삶을 정리하고 있었던 것이다. 칡넝쿨처럼 헝클어진 자신의 생을 정리하여 반듯하게 뉘어 놓고 가시고자 했던 건 아니었을까.

할머니는 자신이 다니던 울산 병영의 초등학교를 시에서 세심하게 표현했다. 부산고녀, 항도고녀(현재의 경남여고) 등에 대해서도 교복과 머리 모양까지 기억했다. 이야기책(소설)을 좋아해서 일제 강점기 때 장날에 가서 책을 사거나 어른들로부터 이야기 듣기를 좋아했다고 고백한 바 있다. 이야기책을 좋아했고, 한글과 일본어로 된 책을 읽을 수 있었지만 병에 걸린 이후로는 책을 볼 수 없었노라고 했다. 이제는 좋아하는 책을 맘대로 볼 수 있는데 백내장으로 책을 읽을 수 없다며 허탈해했다.

특히 아들에 대한 기억은 너무나 생생하게 재현하여 그 고통의 크기와 깊이를 짐작하게 했다. 아무리 많은 시간이 흘러도 결코 마르지 않는 아들에 대한 그리움과 죄책감 그리고 안타까움은 거대한 강물이 되어 할머니의 80년 삶을 가로질러 흐르고 있었다. 그 그리움이 크면 클수록 병든 자신에 대한 원망도 깊어 갔으리라.

이웃 아주머니는 할머니가 생전에 안 좋은 일은 절대로 말하지 않았다고 회상했다. 이웃이 알고 있는 사실마저도 할머니가 스스로 말하거나 인정한 적이 없었노라고 했다. 또 먼저 부탁하지도 않았다고 했다. 심지어 조석으로 끼니가 힘들어도 신세지는 것을 꺼려했다고 안타까워했다. 이웃 아주머니의 말을 들으며 한 치의 흐트러짐도 없던 할머니의 모습이 떠올랐다.

그것은 마지막 남은 자존심이자 자신을 향한 애정이었음을 안다. 19세에 꺾여버린 꿈, 이루지 못한 사랑, 어쩔 수 없었던 이별, 그 이후로도 자신의 의지대로 살지 못하고 이리저리 쫓겨다

녀야 했던 삶, 60년 가까운 세월을 옆에서 지켜주고 사랑을 주었던 할아버지에게 차마 과거를 밝힐 수 없었던 죄스러움 등은 할머니를 옭아매고 있었지만, 그래도 놓을 수 없었던 것이 자기애였음을 나는 알고 있다.

몸은 내 것이면서도 내가 어찌할 수 없었지만, 자존심만은 끝까지 지키고 싶어 했던 할머니의 그 마음을 고집이라고 말할 수 있을까. 자기애가 아집이 되고 고집이 되었다 하더라도 흐트러진 모습을 남에게 보이고 싶지 않았던 그 마음을 나는 안다. 그 마음으로 80 평생을 모질게 버텨왔음을 알기에 오늘도 할머니 생각에 젖어든다.

─그리고 나에게 남은 것은

온몸의 기를 소진하여 두통에 시달리면서도 시를 구상하고, 나를 만나 그 시를 들려주는 힘은 어디에서 나온 것일까? 아마 시를 생각하는 그 과정 자체가 스스로 자기 삶의 매듭을 푸는 과정이었기에 두통을 앓으면서도 시를 생각하고 또 생각한 것이었지 싶다. 나에게 시를 읊어주고 그 시를 다시 나의 목소리로 들으면서 할머니는 과거를 정리하고, 자신의 것이 아니라고 부정했던 그 과거의 시간들을 서서히 받아들이지 않았을까.

할머니와의 만남은 나의 실험으로부터 시작되었다. 처음에 할머니와의 만남은 '시가 과연 사람의 마음을 치유할 수 있을까?'라는 물음에 대한 답을 얻기 위한 지적 호기심에서 비롯된 것이었다. 할머니도 이러한 사실을 알면서 대담을 신청했다. 그러나 지금 나에게 할머니와의 만남은 나 자신과 소통하는 길이자 우주로 통하는 길이 되어 있다.

예전에는 무심코 보았던 달이 이제는 나를 깨우는 북과 같다. 가득 차서 흠 하나 보이지 않는 보름달에서 초승달로, 다시 보름달이 되는 것을 보며 우리들의 삶이 그와 다르지 않다는 것을 안다. 가득 차면 내보내야 하고, 부족하면 다시 메우는 것이 우리들의 삶이라는 걸 안다. 또 우리들 모두는 몸과 마음이 미병(未病) 상태라는 것, 그래서 언제든지 병에 걸릴 수 있다는 것도 안다. 그래서 병에 걸렸든 미병 상태이든 인간은 귀한 존재이다.

할머니와 함께한 시간들은 평생이라는 시간 개념에서 본다면 극히 짧다. 그러나 그 짧은 시간은 할머니와의 만남 이후의 내 삶의 방향을 바꾸어 놓았다. 처음 알고자 했던 질문에 대한 답은 명확하게 얻었다. '시는 마음을 치유한다.' 그러나 실제로 치유는 시가 하는 것이 아니라 마음이 하는 것이라는 걸 나는 덤으로 얻었다. 시는 치유로 가는 문이라는 걸 알았다.

세상에 온전한 것은 없다. 우리는 온전함에 가까워지기 위해 삶이라는 여행을 한다. "세상에는 쓸모없는 것도 없고 쓸모없는 일도 없다."(『불혹의 문장들』, 알렙) 그렇다면 태어나지 말았어야 할 쓸모없는 생명도 없다. 할머니는 초기 구술시에서 자신을 '태어나지 말았어야 할 손톱만한 벌레만도 못한' 사람으로 비하했다. 나에게 할머니의 삶은 바람 같고 푸른 잡초 같은 모습으로 다가왔다.

바람은 스스로 모습을 드러내지 못하고 나뭇가지를 흔들거나 풀잎을 흔들어 자신의 모습을 형상화한다. 때로는 우리들의 몸을 빌려 자신이 우리 옆에 와 있음을 알린다. 그러나 바람이 없는 곳은 없으며 갈 수 없는 곳도 없다. 잡초는 언제나 푸르다. 뿌리째 뽑히기도 하고 밟히기도 한다. 정원에 옮겨 심기는커녕 가까이 올까 봐 온갖 약을 다 뿌린다. 그러나 언제 어디서나 자란다. 할머니의 삶은 바람처럼 잡초처럼 그렇게 나의 삶 안으로 들어왔다.

다소 불온한 의도로 시작된 만남이었지만, 할머니를 통하여 내가 다시 깨달은 것은 고인 물은 썩지만 흐르는 물은 결코 썩지 않으며, 바다로 가면 바다가 되고 돌틈으로 흘러 들어가면 맑은 샘물이 된다는 사실이다. 또 얻은 게 있다면, 나는 누군가를 치유할 수 있는 능력이 없다는 자각을 얻게 된 것이다. 나에게 있는 능력은 그 누군가의 이야기를 들어주는 것, 그들의 고통에 공감

하고, 고통을 덜어주고자 시를 읊어주거나 그들이 자신의 이야기를 시로 만들 수 있도록 도와주는 것이다. 할머니가 자신의 상처를 내보이고 스스로 치유해 갔던 그 힘은 어디에서 온 것일까. 앞으로 내가 가야 할 길은 그와 같은 힘을 찾아서 더 많은 사람들에게 돌려주는 게 아닐까 한다.

이말란 할머니에 대한 이야기는 이제 끝을 맺고자 한다. 그동안 읽어주신 많은 분들에게 감사드린다. 누군가가 기억해 준다면 그 사람은 영원한 삶을 산다고 들었다. 육신은 가고 없어도 단 한 사람만이라도 기억해 준다면 그분은 우리 곁에 남아 있을 것이다.

할머니의 시 전문(11편)

여름밤

고요한 이 밤
풀에 벌레들
아름다운 멜로디로
내 심장을 울리네.

아
현해탄의 사랑이여
옛 추억의 첫사랑
──내 전부를 바친 임이여
그리워 그리워서
하염없는 눈물에
내 옷깃이 젖었네.

소리쳐 통곡할 때
초승달도 울고 있네.

이 밤도 뒹구르며

몸부림칠 때

눈물이 강이 되어

잠을 이루지 못하네.

어머니

어머니
오늘 하루의 생활도
시간이 이렇게 가나요

허리에는 노끈을 드리우고
약초 망태기는 어깨에 메고

지팽이 손에 잡고
이산으로 저산으로
헤매며

내 딸 병 고치네 느삼태야 나오너라
내 딸 병 고치네 느삼태야 나오너라

온몸으로 부딪치는
까치 밭길에
천 갈래 만 갈래 찢긴 옷은
체면없이 바람에 휘날리네.

아
느삼태가 보였다
노끈으로 끈을 매여
높은 봉우리서 몸부림치니
엎어지고 넘어져
머리 깨어 피투성이가 되고
코피 터져
옷깃에 핏물이 드네.

아
어머니
가련하고도 불쌍한 우리 어머니

어머니 일어나서
내 한이야 내 한이야
울고 통곡할 때
산천초목도 울었다오
해님도 눈물 흘러
고개 돌릴 때 구름이 앞을 가려
한없이 울었다오.

어머니
이것이
모성의 정인가요
피를 섞은 모녀의 상징인가요

이 불효여식
머리털 하나하나 뽑아서
어머니 신틀메로 삼을까요
뼈를 깎아
어머니 공덕탑을 세울까요

이 불효여식
벌레 하나만도 못한 인생
이것 무엇 보시고
당신께서는 그 높은 사랑
사랑으로 아낌없이
쏟아 부어 주십니까.

팔십 평생 살며
어머니 앞에

딸자식 자랑거리가 못 되어

많은 사람에게

멸시와 천대받아 가며

어머니 앞에 황송할 뿐인

이것이 내 인생길입니다.

어머니

끝끝내 당신은

나를 두고

눈물로 황천길 가셨나요

아

어머니.

아가야

아가야 보고 싶구나

핏덩이 너를 등에 업고
현해탄을 건너 이국만리에 가서
너를 버리고 뒤돌아 설 때
돌아보고 또 돌아보니
눈물이 앞을 가려
눈물자죽만 남았단다.

연락선을 붙잡고 한없이
울었단다
연락선은 가자고 고동을 불고
성난 파도 이리저리 흔드니
파도소리에 몸을 띄우려고
몇 번이나 맹세하였건만
끝끝내 뜻을 이루지 못했네.

오늘날까지 이것이

내 가슴에 응어리 맺혀

쇠못이 박힌 아픔을 느끼네.

아

세월도 무정하다

유수와 같이 흘러

승팔이도 이제는

중년신사가 되어 있지.

오늘은

펜을 손에 들고 구구절절이

너와 내가

우리의 사연들을 일기장 속에

기록하고 있네.

언젠가

승팔이도 이 일기장을

볼 때가 있겠지

아

이 모든 것이 허공에

꿈이 되었으면 싶다
꿈이 아니다 현실이다
이것이 나와 승팔이의
맺힌 열매이다.

승팔아
이 어리석은 에미
바보 같은 에미
병든 나를 용서해 다오.

사랑

청춘남녀 한 쌍이
구름 같아도 아름답더라.
가을 하늘은 높고
햇살은 밝아
반짝거리는 뱃지
명문 대학생이었더라.

너무도 사랑하여
양손을 꼭 잡고
철로길을 걸으며 뛰며
동심에 싸여
아무것도 두렵고
무서운 걸 모르더라.

끝내 역전의 플랫트홈
큰 가로등 밑에 두 어깨를 기대며
저 먼 수평선을 바라보고
손짓하며

바다에서 떠오르는

춤추는 갈매기를 보고

부산 갈매기 부산 갈매기

노래하며

즐거워할 때

많은 사람들의 시선 끌리고

다 부러워하더라.

즐거움도 잠깐이요

기쁨도 잠깐이었더라

이별의 열차는 기적을 내고

역전에 도착하였더라.

범나비 열차에 몸을 싣고

사각모자 손에 들고

미소를 띠우며

두 손을 흔들었더라

아름다운 꽃송이 여인도

인형 같은 큰 눈에서

소낙비처럼 흘러내리는

눈물에 젖어

그 모습이 너무나도

처량하더라.

이것이 두 남녀의
사랑의 이별인가요
순간적 이별인가요
영원한 이별인가요
아무도 예측치 못할
수수께끼였더라.

내 인생길

오늘은 학교 가기가 싫었다
다른 아이들은 이 날을 즐거워하며
좋아하는 시간이었다.
짧은 체육복을 입고 운동장을 뛰며
즐거워하고 있다.

나는 왜 이렇게 고통이 많고
내 앞에는 여러 가지 시련이 닥치나
절망에 싸였다.

하나님, 이렇게 땅 위에는
모래알같이 많은 인간이 살고 있지만
내게는 나병이라는 걸 내립니까.
하나님도 원망하고 싶고
내 자신도 미워
차라리 이 땅 위에 태어나지
않았으면 좋았을 걸.

이래도 부모는 병든 자식이

그렇게도 좋을까

우물에 물을 뜨러 가시면

많은 사람들에게 두레박을 빼앗기며

양철통을 발로 차이고

온갖 학대와 멸시와 천대를 받고

돌아오면 모녀간에 부둥켜안고 울어

눈도 붓고 얼굴도 부었네.

분노를 참지 못해 쫓아가서

손톱만한 벌레도

풀의 이슬을 먹고 사는데

하물며 생명인 인간을

물도 못 먹게 합니까?

약한 자는 아무리 말을 하여도

소귀에 경 읽기더라.

너무나도 복잡한 마음이

사라지지 않아

사람이 살지 않는 들판으로

뛰어갔다.

무릎께에는 바람이 불고
미치갱이같이 뛰고 달렸다.
저 먼 바다를 보니 성난 파도는
삼킬 자라도 있으면 삼키려고
이리저리 꿈틀이며 파도를 치더라.
가을 햇빛에 무르익은 벼는
고개를 숙여 추수할 일꾼을 기다리고.
차라리 나도 벼가 되었으면
많은 사람에게 사랑을 받겠지.

아, 내 인생길이
왜 이다지도 가시밭길인가.
찌를 때마다 피 흘러
걸을 때마다 핏자죽이었네.
걸을 때마다 잡초에 휘말려서
엎어지며 넘어지며
또 한 자국 걸을 때마다 자갈밭
또 한 걸음 걸을 때마다

진흙이 떡반죽 된 길
하나도 평탄한 길이 없더라
이것이 내 인생길인가.

어느 8월 15일
유난히도 밝은 달이었다
내 발걸음은 태화강을 걸어가
강변에 우둑히 선
반구돌에 우뚝 서서
강물에 몸을 던져 자살을 기도했다.
이것마저도 내 운명이 아니었는가
뱃놀이 나오는 사람들의
구제의 손길에 다시 살아났다.

내게도 행운이 있었던가
김철수라는 청년을 알아서
60년 동거생활하며 그 안에서
예쁜 딸을 선물로 하나 받았더라.
그리고 김성리라는 선생을 알아서
오늘날 말씀의 위로 받고

시를 배우며 가르침을 받아

날마다 시 짓는 것을

낙으로 삼고 있다.

가을

가을 하늘은 푸르고 맑기만 하더라
산천초목에는 붉은 물 든 단풍들이
장관이더라.
한 고개 내려와 보니
은행나무 잎에는
노리고도 노란 색깔 위에
황금빛을 나타내며
흐르는 잎마다 주워서 책 속에 넣던
옛 추억이 떠오르네.
뒤돌아보니 금수화꽃은
우리 한반도 지도처럼
차분하게도 피어 있더라.
온 들에서는 코스모스가 피었고
길에도 피어 색색가지로
자기를 나타내며
뽐을 내고 웃고 있는 그 모습이
교만해 보이더라.
뒷동산에 올라가서 보니

고목나무에서는 주먹만한 밤송이가

이 구석에서 쿵 저 구석에서 쿵

떨어지는 알밤이

우리 맘의 욕심을 나타내더라.

시골길을 내려오니

돌담 사이사이마다

감나무 나란히 서서 가을 햇빛에

무르익은 붉은 색을 나타내고

감홍시 주렁주렁 매달려

보는 이로 하여금

탐스럽기도 하고 먹음직하기도 하고

우리의 맘을 끌고 있네.

고적지 담장 위로 돌아오니

벌써 시간은 황혼이었고

해는 서산으로 기울이며

오동나무에서는 오동잎이 한 잎 두 잎

떨어져서 뒹굴 때마다

내 마음이 슬퍼지고 외로워져

옛 추억이 떠오르네.

눈에 고인 눈물이 볼 위에

주렁주렁 흐르면

이것이 가을의 계절인가

으악새도 슬피 울고 있네.

첫사랑 이야기

어머님의 심부름으로

우체국에 걸어갔다.

내 등 뒤에서

요시코 요시코

부르는 소리에 뒤돌아보니

순사 부장 아들 대학생이었더라.

얄미워 눈을 꼴셨지만

아랑곳없이 내 앞을 가로 질러

우체국으로 같이 들어 왔더라.

내 하는 용무를 전부 관찰하고

집으로 돌아오니

여전히 자전거를 타고

앞으로 갔다 뒤로 갔다

이름을 부르더라.

그날 저녁에 잡지 책 안에

편지 한 통이

담으로 던져 마당에 있더라.

주워보니 그 얄미운

마쓰시타더라.

그리고 이것이

일 년 동안 지속되었다.

옛날 속담과 같이

열 번 찍어서

안 넘어 가는 나무 없다더니

이것이 나를 두고 하는 소리더라.

결코 만나자기에

일년 후에 둘이가 만났더라.

그러구로 정이 들어

둘이가 해운대 해수욕장으로

모래사장으로

손을 잡고 걸어가면서 뛰면서

좋아하던 그 모습들

둘이 뒹굴어지며 엎어지며

첫 키스가 거기서 이루어졌더라.

그래서 우리 둘은 손을 꼭 잡고

동백섬에 들어가서 동백꽃을 꺾어

내 머리에 꽂아주고

내 역시 동백꽃을 꺾어서

그대의 윗포켓에 꼽아 주었다.
서로가 웃으며 변치 말자고
손을 굳게 잡고 다짐하며
맹세도 하였더라.
이것이 영원한 우리의
사랑의 속삭임이었더라

첫사랑 이야기 2

오늘도 마쓰시타와 둘이서
남 모르는 고통을 안고
조용히 산과 들로 걸어가면
근심걱정에 싸여
눈에는 이슬이 맺혀
단풍잎만 바람에 휘날려도
눈물이 쏟아진다.

마쓰시타, 포켓에서
손수건 꺼내어 내 눈물을 닦아 주며
서로가 위로하고
정을 주며 정을 받고
둘이가 양손 굳게 잡고
우리의 따뜻한 깊은 사랑
변치 말자고 맹세하며 다짐하며
이 세상 끝까지 같이 가리라는
옛 추억이 다시금 떠오르네.
시간이 가고 달이 가니

배에서 아기는 나날이 불러오고

이 소문에 양가의 집에서는

전쟁이 나고

죽일 놈이 살릴 놈이 하며

우왕좌왕 시끄러운 집들이더라.

우리의 생활은

바늘방석에 앉은 것 같고

바늘로 속을 콕 찌르는

고통의 나날이었더라.

날마다 가시밭길이었으며

어두운 골목을 걸어가는

험난한 세상이었더라.

배속에 든 아기는 달이 차니

순산하였더라

아들을 낳으니 마쓰시타 집에서는

잠잠하였더라.

아기를 책임지라 하니

사회의 명예와 지위와 권세와

자존심을 앞세우며

묵묵부답이었더라.
이러하자 대동아 전쟁도 끝이 났고
일본 천황폐하는 손을 들었더라.
백성들은 일어나서
독립만세 소리에 하늘을 찌르며
태극기 만세 소리는 천지를 뒤덮었다.
위에서 명령이 내려와서
한국에 있는 모든 일본 사람들은
일본으로 다 가라는
추방령이 내렸더라.
너무나도 저에게는
앞이 캄캄하며 갈 바를 몰랐더라.
내 순정과 내 사랑 전부를 바친
공든 탑이 무너졌구나.

애당초 나와 마쓰시타는
맺어질 사랑이 아니었구나.
국경이 다르고 나라가 다르니
이것이 우리의 운명이다
보내주리라, 가거라

속절없는 사랑, 미련 없이 보내주마

마쓰시타, 너와 나는

이 세상에서 무슨 한이 맺혀

사랑의 열매까지 맺으니

이 모든 한스런 우리의 사연을

지금도 기록하니

추억의 첫사랑 이야기다.

고향

고향을 떠나 타향살이에 돌고 도니
부평 같은 신세가 되어
어언간 60여 년이 되었구나.
세월은 빨라 유수와 같으니
내 청춘은 흘러흘러
머리에는 벌써 백발이 휘날리네.
아, 고향에 가고 싶다
보고 싶기도 하다
못 가는 신세가 되었으니
저 푸른 하늘 밑에는
내 고향 내 살던 집이 있겠지.

집 옆에서는 올해에도 살구나무에
활짝 핀 살구꽃이 피었겠지
마당 뒤에 있는 감나무에서
감꽃이 떨어지면
바가지로 주워담아
실로 꿰어서 목에 걸던

그 어린 시절이 그립구나

장독 뒤에는 목단꽃이

활짝 피어 그 옆에는 나리꽃이

돌담 위에는 호박 덩굴이 올라가서

금년에도 익은 호박이

주렁주렁 누렇게 매달렸겠지.

삽짝거리로 나와서

돌다리를 건너

사랑하는 모교에 가고 싶구나

칠계단을 올라가면

우편에는 벚꽃나무와

좌편에도 벚꽃나무가

엉겨 붙어서 봄이 되면

벚꽃이 장관이더라.

사계단으로 올라가니

매실 열매가 무르익어서

벌겋게 익으면 많은 사람 보시기에

입맛을 돋운다.

그리고 칠계단으로 올라가 서니

큰 운동장에서는

우리가 뛰놀던

그 모습들이 떠오르네.

운동장 옆에는

전부 벚꽃나무가 줄을 서서

너무나도 아름답더라.

친구들과 사진 찍던

그 추억이 떠오르며

선생님과 기념촬영도 했건만

모교가 잊혀지지 않고

사무치도록, 꿈속에서도 그리워지네.

언제나 가보리

언제나 보고 싶어

먼 산만 바라보네.

눈 나리는 날

정월 초하룻날 설날이 되었다
잠에서 눈을 떠
창문을 열고 보니 폭설이 내려서
온 바다를 흰눈이 덮었고
은빛 찬란함이
눈부시도록 아름다웠더라.
눈 나리는 날에 가장 좋아하던
우리 집 바둑이는 천지를 돌아다니며
뒹구르며 좋아하며 짖는 그 소리가
노래같이 들리더라
너무나도 신기하고 놀랍더라.
장독 위에는 소복소복 쌓인 눈이
연꽃같이 희고 아름다웠더라
대밭의 댓잎에서는 흰눈이
소복소복 쌓여서 칼끝과 같이
쪼삑쪼삑 하였더라.
소나무에도 많은 눈이 쌓여서
목화같이 보이기도 하고

눈꽃같이도 아름다웠고

좋게 보이더라.

우리 집 지붕 끝에는 고드름이

주렁주렁 매달려서

보기에 경치가 좋았더라.

나는 설날의 음식과 떡국으로 차려서

아랫마을의 할머니 집으로

세배를 나섰더니 눈 속에서

길을 몰라 헤맬 때

바둑이가 내 앞에 뛰어와서

길을 인도하였더라.

그 후에 사랑하는 임과 함께

큰 눈덩이를 만들어 굴리고

눈사람을 만들어

머리에는 고깔을 씌우고

임과 둘이서 어깨 손을 얹어

사진을 찍으며 기뻐하였더라.

그리고 눈덩이를 만들어

서로 던지며 때리며 싸움이 벌어져

어린아이 같은 동심으로

돌아갔더라.

넘어지며 엎어지며 미끄러질 때마다

사랑하는 그대의 두 팔로

안아 일으켜 줄 때마다

눈 속에서도 그 따뜻한 사랑이

우리의 정으로 더 깊이 들더라.

팔십 평생을 살아도

눈 나리는 이 날이

잊혀지지 않고

옛 추억이 그립더라.

눈 나리는 어느 날.

임진강에서

임진강 넓은 강변에는
얼음이 꽁꽁 얼어서
많은 인파들이 아이 어른 분별없이
팽대를 치며 썰매를 타고
옆에서는 스키를 타며
즐겁게 놀고 있는데
내가 본시 왈가닥한 성격에
참지 못해 그 사이로 뛰어들어
발로 얼음을 타며 돌아다니다가
결국 엉덩이로 얼음에
방아를 찧고 말았네.
내 죽는다고 뒹구르니
길가는 나그네 아저씨가 두 손을 잡아
일으켜 주셨네
너무도 감사하여 맘으로 답례하였네.
그런데 갑자기 아무런 소식도 없이
회오리바람이 불어
온 스키장은 아수라장이 되어

모자와 목수건이 날아가며

그 나그네 아저씨의 모자가

하늘로 뱅뱅 돌더니

임진강 흐르는 강가에 떨어져서

돌고 있는데 철새 한 마리가

날개 죽지가 부러져서

퍼득퍼득 뛰며

그 모자 속으로 들어가서

갑자기 사공이 되어 노를 젓고

끝이 없이 어딘가로 흘러가고 있네.

이 일을 보고 있는 나그네 아저씨는

고요한 말로

'허, 참, 이상하다' 하더니

뒤돌아서네.

나는 곁에서 눈이 땅에 흐리도록

그것을 바라보고 있다가

신기하다고 느꼈네.

이말란의 생애 연보

† 이말란은 1927년 4월 20일 울산에서 출생하고 성장하였다. 아버지는 일찍 돌아가셨지만 남겨진 재산이 있어서 가세는 넉넉하였다. 오빠와 두 언니가 있었고, 일제강점기 말에 일본으로 가서 살고 있어 거의 만나지 못했다. 해방 후에는 오빠로부터 경제적인 도움을 받았지만 만나지 못했다. 오빠 사후에 오빠의 유언을 받들어 일본인 올케언니가 다녀갔다.

† 한센인 여성의 이름은 세 가지였다. 호적에는 이말란, 공공요금 청구서에는 이숙자, 마쓰시타에게는 요시코로 불리었다.

† 부산고녀에 재학 중이던 17세에 일본인 대학생 마쓰시타를 만났다.

† 18세~19세에 한센병이 발병했다. 의학적으로 진단받지 못하여 정확한 발병 시기를 모르지만 18세에서 19세 되던 시기로 추정하였다.

이말란 씨의 사진. 개인 사진은 거의 없고, 이웃 주민분들과 함께 찍은 사진만 있다.

† 19세인 1945년 해방 직전에 마쓰시타의 부모에 의해 마쓰시타와 헤어지고, 같은 해 8월에 미혼모로 아들을 낳았다.

† 1946년 어머니가 돌아가시자 더 이상 키울 수 없어 주위의 권유로 아들을 일본 대판(오사카)에 살고 있는 김해 출신 재일한국인에게 입양 보냈다.

† 1946년 아들을 입양 보낸 후 혼자 살기 힘들어 20세 겨울에 당시 26세 김철수 씨와 결혼하였다. 남편이 "많이 배워 똑똑하고 사리를 잘 알아 집단에 문제가 생기면 나서서 해결했다. 위원장으로 마을 일을 참 많이 봤다"고 회고하였다. 김철수 씨는 83세에 별세하였다.

† 23세 때 딸을 낳았다. 이 딸은 10세 되던 해에 미감아로는 공부를 계속하기 어렵고 양육하기에는 환경이 너무 열악하여 고아원으로 보냈다

이말란 씨의 집

가 울산으로 입양시켰다. 외손자가 대학생이 되어서야 비로소 이말란 씨의 존재를 알고 찾아왔었지만, 사위는 여전히 이말란 씨의 존재를 모르는 상태라고 했다.

✝ 정확한 연도를 기억하지 못하지만, 2007년 당시 41세인 작은딸은 현재 살고 있는 마을에 혼자 들어온 아이로 양녀로 입적하여 키웠다.

✝ 현재의 마을에서 주로 닭과 돼지를 키우며 살다가 부산-대구를 연결하는 고속도로 건설로 보상을 받아 경제적으로 나아졌다고 했다. 이후로는 보상금과 정부 보조금, 그리고 약간의 임대료로 생활하고 있었다.

✝ 이말란 씨는 한센병 이후 한 곳에 정착하여 살지 못하고 강제적인 이주가 자주 있었다고 구술했다. 잠시 머물다 쫓겨난 곳은 지명을 다 기억하지 못하고, 정착하다가 강제로 이주한 지명은 기억하고 있었다. 이주

문도 울타리도 없는 이말란 씨의 집

경로는 '울산(발병) – 울산(바닷가 외진 마을) – 용호동(잠시 머물렀음) –
을숙도 – 용호동(을숙도에서 나와 잠시 머무름) – 현재 마을'

　† 2006년 6월, 저자 김성리와 처음 만났다. 그해 7월부터 2007년 2월
까지 20차례에 걸쳐 김성리에게 자신의 삶을 구술하였으며, 시 11편을 함
께 지었다.

　† 2009년 6월 5일 소천하여, 시간과 공간 그리고 모든 인연으로부터
자유로워졌다.

꽃보다 붉은 울음

1판 1쇄 발행 | 2013년 11월 19일

지은이 | 김성리
펴낸이 | 조영남
펴낸곳 | 알렙

출판등록 | 2009년 11월 19일 제313-2010-132호
주소 | 서울시 마포구 합정동 373-4 성지빌딩 615호
전자우편 | alephbook@naver.com
전화 | 02-325-2015
팩스 | 02-325-2016

ISBN 978-89-97779-30-7 03180